LOS 6 TALENTOS LABORALES

PATRICK LENCIONI

Los 6 talentos laborales

Un método eficaz para descubrir
tus fortalezas y las de tu equipo

 Empresa Activa

Argentina – Chile – Colombia – España
Estados Unidos – México – Perú – Uruguay

Título original: *The 6 Types of Working Genius*
Editor original: Matt Holt
Traducción: Maria Ubierna

1.ª edición Agosto 2023

ISBN: 978-84-16997-79-4
E-ISBN: 978-84-19497-56-7
Depósito legal: B-11.576-2023

Fotocomposición: Ediciones Urano, S.A.U.
Impreso por Romanyà Valls, S.A. – Verdaguer, 1 – 08786 Capellades (Barcelona)

Impreso en España – *Printed in Spain*

Este libro está dedicado a mi hijo Matthew. Sin tus ideas, este proyecto no podría haber ocurrido, y no habría sido tan increíblemente divertido para mí.

ÍNDICE

EXPLORANDO EL MODELO

INTRODUCCIÓN

Este libro se basa en dos verdades innegables.

En primer lugar, las personas que utilizan los talentos naturales que les ha dado Dios se sienten mucho más realizadas y tienen más éxito que las que no lo hacen.

En segundo lugar, los equipos y las organizaciones que ayudan a las personas a aprovechar los talentos que Dios les ha dado son mucho más exitosos y productivos que los que no lo hacen.

Aunque todo esto sea obvio, la realidad es que la mayoría de la gente no se siente muy satisfecha en su trabajo, lo cual tiene sentido porque la mayoría de la gente no entiende realmente sus dones relacionados con el trabajo. Como resultado, la mayoría de los equipos no se acercan a aprovechar los talentos de sus miembros y a alcanzar su verdadero potencial. La pregunta que hay que hacerse es: ¿por qué no hemos resuelto todavía este problema?

Desde luego no es porque no lo hayamos intentado. Existen varias herramientas maravillosas que nos ayudan a entender mejor nuestra personalidad y nuestras preferencias. Llevo años utilizando muchas de ellas. El problema siempre ha sido tratar de averiguar cómo se traducen en la experiencia diaria de hacer un trabajo real, de todo tipo, y con compañeros de equipo que tienen diferentes talentos.

Me alegra poder decir que *Los 6 talentos laborales* resuelve precisamente ese problema. No solo proporciona un marco para comprender rápidamente tus genialidades o talentos únicos, sino que lo hace en el contexto de un nuevo modelo sobre cómo se realiza cualquier tipo de trabajo. En otras palabras, es tanto una herramienta de productividad como un modelo de personalidad.

Tengo que admitir que no me senté un día para intentar resolver este problema; surgió en gran medida por accidente. Simplemente estaba luchando con mis propias fluctuaciones entre la alegría y la exasperación en el trabajo, y alguien (¡gracias, Amy!) me hizo la gran pregunta: ¿Por qué eres así? No era una acusación ni me estaba juzgando, simplemente era una pregunta real formulada con curiosidad y con el deseo de ayudarme a descubrir por qué me sentía frustrado con demasiada frecuencia trabajando en mi propia empresa, con buenos amigos y en un campo que disfrutaba plenamente. No tenía ni idea de que responder a esa pregunta provocaría la aparición del modelo que presento en este libro. Y desde luego no sabía que daría lugar a una evaluación que ya ha demostrado ser más práctica e inmediatamente útil para cambiar la vida de las personas —incluida la mía— que cualquier otra cosa que hayamos hecho en The Table Group. Desde encontrar más alegría en sus trabajos hasta tener una mejor comprensión de su cónyuge o hijos, o reorganizar sus equipos para alinearse mejor con los talentos de los miembros del equipo, nos hemos visto alegremente abrumados con las historias que nos han enviado las personas que han encontrado un alivio inmediato y duradero a través del modelo y la evaluación del *Working Genius*.

Como la mayoría de mis libros, la primera parte es una fábula que ofrece una historia ficticia, pero realista, en torno a *Working Genius* y su puesta en práctica. La segunda parte es una visión general del modelo en sí. Espero que *Los 6 talentos laborales* os permita a ti y a las personas con las que trabajas convertiros en las personas que estáis destinadas a ser, y que tu equipo, tu organización e incluso tu familia se beneficien de ello.

LA FÁBULA

JOB

El trabajo no es la vida. Pero es una gran parte de ella. Y aunque me gustaría que no fuera cierto, durante años tuvo un impacto en la mía más frustrante de lo que quería o esperaba. Afortunadamente, hace poco resolví algunas cosas que hicieron que ese impacto fuera mucho más positivo, y fue justo a tiempo, porque mi vida estaba a punto de desmoronarse.

Por cierto, soy Bull Brooks. Sé que suena como si debiera ser un músico, ya sea de country o de rap, según se mire. Mi verdadero nombre es Jeremiah, pero de alguna manera, debido a esa canción de los setenta sobre una rana, la gente empezó a llamarme Bull cuando era un niño, y se me quedó. Todo el mundo, excepto mis hijos, me llama Bull. Supongo que algún día incluso ellos podrían usar ese apelativo, pero por ahora sigue siendo «papá».

En realidad, mi nombre completo es Jeremiah Octavian Brooks, pero eso suena a trabalenguas. San Octavio fue un mártir en el siglo v, y por alguna razón que no recuerdo que me haya dicho, a mi madre le debió gustar. Una de las cosas interesantes de todo esto es que mis iniciales son JOB, «trabajo» en inglés. Supongo que no debería sorprenderme que haya desarrollado una especie de obsesión por el trabajo.

Pero basta de hablar de mí y de mi peculiar nombre. Déjame contarte cómo el trabajo casi me arruina, y lo que aprendí que lo cambió todo.

TRABAJO

Probablemente debería empezar explicando mi primera concepción del trabajo, que proviene de mis padres.

Lo que más recuerdo del trabajo de mi padre es que no parecía haberlo elegido libremente. Es decir, sin una educación universitaria y viviendo en una ciudad relativamente sencilla, no había muchas opciones. Ser perito de seguros (he de admitir que no entendí del todo lo que eso significaba hasta que tuve mi primer accidente de coche) no es el trabajo más fascinante del mundo, pero tampoco es el peor. Tenía tiempo para la familia y pasaba al menos la mitad del tiempo en casa.

En cuanto a mi madre, dirigía nuestra casa y organizaba la mayor parte de lo que ocurría allí. Parecía gustarle casi todos los aspectos de su trabajo, ya fuera enseñarnos a leer, ser voluntaria en la escuela o pagar las facturas. Aparte de la colada, que delegaba sabia y eficazmente en nosotros, nunca se quejaba de su trabajo diario, y a menudo declaraba que cada día con nosotros era una alegría. Creo que lo decía de verdad.

Pero no estoy seguro de si a mi padre le gustaba su trabajo o no. No era realmente un tema de conversación, o quizás, de debate. Aparte de la vez que dijo: «Bull, si fuera divertido, no lo llamarían trabajo», no se me pasó por la cabeza si su trabajo le satisfacía o no. Para mi padre, el trabajo era algo que se hacía para pagar la hipoteca y la matrícula en el colegio Santa Catalina de Siena. Eso lo decía todo.

Solo después de tener mi primer empleo como cajero de banco decidí que el enfoque de mi padre sobre el trabajo no sería el mío.

CORTAR EL CÉSPED

Hablando de mi padre, era un gran tipo. En los años cincuenta la gente le habría llamado «formidable», aunque no sé por qué tengo que decírtelo. Era amable, responsable y frugal. Formidable.

Una de sus actividades favoritas era el ritual del sábado por la mañana de cortar el césped. Por supuesto, no se trataba solo de cortarlo. Esa era la parte divertida y estaba reservada sobre todo para papá. También había que rastrillar las hojas y recogerlas, arrancar las malas hierbas, usar la azada, barrer y recogerlas y, por último, el gran final: rociar la entrada y la acera con la manguera a presión.

Como obedecía a mi padre, me levantaba de la cama y salía a la calle todos los sábados cuando lo que realmente quería hacer era ver dibujos animados o la Liga Mayor de Béisbol en la televisión. Pero le ayudaba a cortar el césped. Y lo odiaba. Nunca entendí por qué, y eso me molestaba porque quería a mi padre. Pero era una tortura.

Pues bien, hace unos meses descubrí por fin de dónde venía mi frustración con el ritual de los sábados por la mañana, que es el tema de esta historia. Ojalá hubiera podido explicárselo a mi padre por aquel entonces, y desde luego antes de que muriera. Habría evitado algunas frustraciones innecesarias entre nosotros, y tal vez habría podido ver más dibujos animados y partidos de béisbol.

Lo siento, papá.

JOY

Aunque no conseguí mi primer trabajo de verdad en el banco hasta mi último año de instituto, hice una serie de trabajitos aquí y allá para ganar dinero durante mi adolescencia.

Un verano, fui cerca de los campos petrolíferos y realicé el emocionante trabajo de apuntalar blancos metálicos con forma de animales en un campo de tiro. Sumergirme en una trinchera y escuchar las balas volar sobre mi cabeza fue probablemente la mayor motivación que tuve para ir a la universidad.

También recuerdo otro verano en el que ayudé a mi vecino de al lado con su negocio secundario de aislamiento de áticos. Mi trabajo consistía en estar de pie en la parte trasera de un camión metálico cerrado a 43 grados, asegurándome de no perder un dedo mientras esparcía la fibra de vidrio en lo que solo puedo describir como una trituradora de aislamiento. Es increíble que no haya hecho un doctorado sobre ello.

Luego vino mi trabajo en el banco. (Vaya, eso suena como si hubiera robado el lugar).

Ahora bien, estoy seguro de que algunas personas están hechas para ser cajeras de banco y estoy igualmente seguro de que yo no soy uno de ellos. Por mucho que lo intentara, mi caja registradora siempre estaba descuadrada al final del día. Nunca pude entender por qué eso era tan importante.

A veces me equivocaba por unos pocos centavos o un par de dólares, y me ofrecía a pagar la diferencia de mi propio bolsillo. El director me decía: «Esto no funciona así», y nos pasábamos la siguiente hora tratando de averiguar dónde me había equivocado de botón en la caja registradora.

Creo que me mantuvieron en el banco porque a las señoras —todas las cajeras eran mujeres— les gustaba tenerme cerca. Hacía que ellas y los clientes se rieran mucho. Lo que probablemente también explica por qué la caja no cuadraba la mitad del tiempo. Me gustaba especialmente cuando me tocaba trabajar en la ventanilla del autoservicio, la que tenía un tubo neumático por el que mandaba a la gente su dinero en un bote que iba al carril exterior. A menudo enviaba a los clientes una botella de kétchup o cualquier otra cosa de la nevera solo para hacerlos reír.

Sin embargo, lo que más recuerdo de ese trabajo es la mujer que trabajaba en el puesto de cajero junto a mí. Se llamaba Joy (que en inglés significa alegría) y era extremadamente agradable. Estaba casada, tenía un par de hijos y no era alguien a quien un chico de diecisiete años esperaría llamar amiga. Pero se reía de mis chistes, me ayudaba cuando no entendía la diferencia entre un cheque de caja y un giro postal y se interesaba por mí como persona. Le cogí mucho cariño.

Al final del verano, recuerdo que me sorprendió lo mucho que respetaba y disfrutaba con Joy, y nunca olvidaré lo que me dijo.

«Bull, no seas como yo. Encuentra algo que te guste hacer para que no te parezca un trabajo». Intenté asegurarle que su trabajo no era tan malo. Ella se limitó a ignorar mi comentario y dijo: «No te conformes, amiguito».

Esas palabras volvieron a atormentarme unos años después.

CONFUSIÓN UNIVERSITARIA

En la universidad salí de fiesta lo justo y necesario. Como crecí en una familia humilde (no tengo nada de qué quejarme), sentí el deber hacia mis padres, que pagaban la mayor parte de mi matrícula, de tomarme los estudios en serio. Así que trabajé duro.

Desgraciadamente, tuve poca orientación a la hora de elegir una especialidad.

Me decidí por Economía porque me pareció una buena mezcla de practicidad y artes liberales. Lo que quiero decir es que no era ni una especialidad sin salida (no quiero ofender a nadie que haya estudiado danza interpretativa, pero...) ni una rutina técnica (la ingeniería eléctrica con énfasis en las matemáticas no puede ser divertida para nadie, ¿verdad?). Ya sabes a qué me refiero.

Cuando me gradué, no estaba seguro de lo que había aprendido sobre economía. A día de hoy, puedo hablar de algo llamado curvas de oferta y demanda, y eso es todo. Ojalá estuviera bromeando.

Cuando llegó el momento de conseguir un trabajo, estaba bastante perdido, así que utilicé un método sofisticado: averiguar qué empresas contrataban y pagaban bien. Y me avergüenza admitirlo, de verdad que sí. Pero acepté un trabajo en la banca.

Vale, no era cajero, pero aun así. Estaba haciendo un análisis financiero de una cosa u otra, no puedo ni contarte el resto. Creo que lo he bloqueado en mi cerebro. Y lo odiaba. La gente que me contrató dijo que me gustaría y que tendría éxito. Al fin y al cabo, era estudiante de Economía y, de alguna manera, me gradué entre los primeros de mi clase. Y el trabajo no era solo en un banco: era en un banco *de inversión*. Estaba bastante bien pagado. La oficina era impresionante. Mis amigos estaban celosos de mí.

Pero me sentía miserable.

Durante casi dos años, los más largos de mi vida, intenté tener éxito. Utilicé toda mi disciplina y mi músculo intelectual para tratar de superar mi desinterés y convencerme de que este trabajo era mi billete a una carrera exitosa. Pero me pasó factura, física y emocionalmente. Justo cuando estaba a punto de decidirme a abandonar mi esperanza de llegar a la banca de inversión, mi jefe hizo la obra de misericordia de abandonarla por mí. Estaba como un caballo con una pata rota, y me alivió que me sacaran de mi miseria.

Pero también estaba perdido.

FALSO REBOTE

Desempolvando mi orgullo y mi currículum, decidí ser un poco más exigente en mi búsqueda de un nuevo trabajo. Y no te vas a creer lo que te voy a contar. Me fui a trabajar a otro banco.

Ahora, antes de que me taches de lunático o de alguien adicto al castigo, entiende que en realidad no me dedicaba a la banca. Conseguí un trabajo en marketing.

No puedo decirte el alivio que supuso dejar de lado los elementos básicos de la banca. Y estaba bastante seguro de que el marketing sería mejor. Desgraciadamente, mi nuevo puesto resultó ser casi tan pesado como el anterior.

En tan solo un año, ya me encontraba quejándome constantemente a mi novia, Anna —que más tarde se convertiría en mi esposa—, de lo mucho que me crispaba mi trabajo. Aunque Anna era y sigue siendo una mujer paciente, me di cuenta de que estaba empezando a cansarse de escuchar mis problemas laborales. «Tienes que encontrar algo que te guste», me exhortaba una y otra vez.

Anna trabajaba para una empresa que organizaba eventos para empresas y clientes. La verdad es que era un trabajo muy duro que la obligaba a estar de viaje hasta la mitad del año. Y aunque viajar en sí le resultaba agotador, a Anna parecía gustarle su trabajo. Desde luego, no se quejaba de él. Y, lo que es más importante, no sufría la tristeza de los domingos.

TRISTEZA DOMINICAL

Probablemente sepas de qué estoy hablando: esas sensaciones que tienes durante el descanso del partido de fútbol del domingo por la noche, o lo que sea que estés haciendo el domingo por la noche, cuando te das cuenta de que estás a solo doce horas de tener que volver al trabajo. Sentía esa tristeza cuando trabajé en el banco de inversión y también la sentía en mi trabajo de marketing.

Y, por si fuera poco, empecé a sentirla cada vez más temprano los fines de semana. A veces, cuando salía con Anna a cenar el *sábado* por la noche, empezaba a sentir una sensación de temor que no podía identificar. Y entonces me daba cuenta. El trabajo.

Ahora bien, puede que te preguntes si simplemente elegí empresas especialmente malas para trabajar. Yo mismo me lo pregunté. Pero si me pongo a pensar, tengo que admitir que esas dos primeras empresas, y el puñado de directivos que tuve en cada una de ellas, estaban un poco por encima de la media. La gente para la que trabajaba se interesaba por mí más de lo que podía esperar y les gustaba mucho su trabajo. Y querían que a mí también me gustara.

Simplemente no me gustaba. Y estaba empezando a entrar en pánico.

DESESPERADO

En ese momento estaba dispuesto a probar cualquier cosa para dejar de temer el trabajo, así que hablé con el puñado de personas que conocía a las que realmente les gustaba su trabajo. Me reuní con un abogado feliz y decidí que estaba loco. Es una broma. Hablé con un consultor de gestión, un profesor y un programador informático.

Cuando les pregunté qué les gustaba de su trabajo, sus respuestas no tenían sentido para mí. Hablaban vagamente de derecho, negocios, educación y tecnología, pero sus respuestas no eran tan convincentes. Empezaba a pensar que había algo malo en mí y que estaba destinado a una vida de miseria en el trabajo. Incluso conocí a un corredor de seguros cuando estrellé mi coche, y parecía que le gustaba su trabajo, aunque no podía decirme por qué.

No me sentía más cerca de descubrir la clave de un trabajo agradable, y no lo digo a la ligera. Estaba empezando a caer en una depresión leve. Y cualquiera que sepa algo sobre la depresión entiende que incluso un caso leve es horrible. Entonces, gracias a Dios, un día en el trabajo tuvimos una reunión con una agencia de publicidad.

Estábamos haciendo una campaña en torno a una nueva oferta de plan de jubilación o algo igualmente aburrido para mí, e hicimos un grupo focal con un grupo de personas de treinta años sobre cómo se imaginaban la marca de nuestra empresa. Los facilitadores preguntaban a la gente cosas como: «Si AFS [yo trabajaba para una empresa llamada Accelerated Financial Systems] fuera una persona que entrara en la habitación ahora mismo, ¿cómo sería?». Sí, suena ridículo, pero había algo en ello que me parecía interesante.

De todos modos, cuando terminó el grupo focal, pregunté a una mujer de la agencia de publicidad por su empresa. Me dijo que la empresa estaba creciendo y que buscaban gente.

Así que volví a redactar mi currículum, se lo envié a ella y a un tipo de recursos humanos y, varias semanas más tarde, estaba encantado diciéndole a la gente en los cócteles que trabajaba en publicidad. Te prometo que no soy tan superficial. Simplemente era divertido decir: «Trabajo en publicidad».

Pero aquí está la mejor parte. La tristeza de los domingos desapareció.

MARAVILLOSA IGNORANCIA

Aunque tenía veintiséis años, tuve que empezar en el escalón más bajo de la agencia. Lo que significaba que me asignaban los clientes más pequeños. Uno de mis primeros trabajos fue una campaña para un zoológico interactivo. No es broma.

Uno de los socios de nuestra empresa tenía un amigo que tenía un primo cuya esposa jugaba al golf con una mujer que era dueña de un maldito zoológico interactivo. Y él, el socio, aceptó ayudarla con la publicidad por casi nada. Lo que significa que fueron en busca de las personas menos experimentadas y peor pagadas de la compañía. Éramos yo y un tipo llamado Jasper Jones. Sí, Jasper Jones. Nunca había conocido a otra persona con ese nombre de pila. Él dejó claro que era Jasper, y no Casper, como el fantasma de los dibujos, y me prohibió que le llamara así. Así que, cuando realmente quería burlarme de él, le llamaba Casper.

En fin, a Jasper y a mí nos asignaron la tarea de ayudar a un zoológico interactivo a atraer más «acariciadores». Aunque suene ridículo, tuve que admitir que ese trabajo me gustaba más que cualquier otro que hubiera hecho.

Investigamos todas las escuelas primarias, los centros preescolares, los grupos juveniles y los clubs de niños y niñas de la zona y hablamos con una docena de directores, profesores y administradores. Diseñamos todo, desde folletos y camisetas hasta chapas —sí, chapas— para regalar en el zoo. Para ser justos, yo me encargué de la mayor parte del diseño, y Jasper se encargó de que todo saliera bien.

Nuestros compañeros se burlaban de nosotros sin piedad y se referían a nuestro trabajo como el Proyecto Llama. Y aunque tenía que fingir que era una tarea tonta, no me quejaba.

Durante la mayor parte de un año, hicimos todo tipo de trabajos para clientes de menor nivel en la empresa. La mayor parte del tiempo nos dedicábamos a organizar anuncios en el periódico, a contratar a gente para que repartiera folletos en la calle o a ayudar a los clientes a diseñar tazas de café y carteles para sus pequeños negocios.

Pero de alguna manera, no me molestaba. Y no sabía por qué. Y no me importaba. Era más feliz. Anna era más feliz. Jasper era feliz. ¿A quién le importa cuál fuese la razón?

Unos años más tarde me di cuenta de que debería haberme importado.

COLLAGE

Durante los dos o tres años siguientes, mi vida estuvo prácticamente libre del aburrimiento y el miedo al trabajo. ¡Qué alivio!

Empecé a conseguir mejores clientes, a ganar un poco más de dinero y a subir la famosa escalera corporativa. Curiosamente, en la oficina había una escalera que la gente utilizaba para coger los libros que estaban en lo alto de las estanterías de nuestra biblioteca.

Durante ese tiempo, Anna y yo nos casamos y tuvimos nuestro primer hijo, al que llamamos Heifer, «vaquilla» en inglés. A ella le pareció bonito que él y su padre tuvieran nombres que sonaban a ganado.

Por supuesto, no hicimos tal cosa. Su nombre es Matthew, y su segundo nombre Octavian, lo que significaba que su acrónimo es MOB, como llaman informalmente a la mafia en inglés. Anna apenas me dejaba usar mi segundo nombre, pero la convencí de que eso no significaría que el pequeño Matthew creciera para convertirse en miembro de una banda o de la mafia.

Bueno, la vida seguía y ni siquiera recordaba lo que era la tristeza dominical.

Y entonces sucedió algo terrible.

Me ascendieron.

ENHORABUENA
POR TU PÉRDIDA

Así es. Más dinero. Una oficina de verdad. Más responsabilidad. Estaba eufórico.

Durante un mes aproximadamente.

Poco a poco, y casi imperceptiblemente, mi alegría por el trabajo empezó a desvanecerse.

En algún momento, cada día se volvió un poco menos satisfactorio. Un problema aquí. Una conversación allí. Un cliente difícil por allá. Un domingo por la noche, mientras veía una película con Anna, sentí una leve punzada de temor. ¿Qué estaba pasando?

Por supuesto, no me atreví a mencionarle nada. Ahora que estaba trabajando a tiempo parcial y que estábamos intentando tener otro bebé, Anna necesitaba que yo estuviera estable en mi trabajo. Así que lo descarté como un contratiempo temporal y menor, un pequeño bache en mi interminable camino hacia mi trabajo de ensueño.

Y entonces llegó el ciclo anual de evaluación del rendimiento. Solo llevaba dos meses en el nuevo puesto, así que ni siquiera estaba seguro de tener que pasar por el proceso. Pero lo hice, y no fue bonito.

Vale, no fue exactamente un desastre. Pero casi todas las áreas en las que se me evaluó obtuvieron una calificación de «cumple con las expectativas», y algunas cayeron en la categoría de «necesita algo de trabajo para cumplir con las expectativas». Aun así, estaba cabreado. Yo nunca había sacado menos de un notable en ninguna clase de la escuela. Y a pesar de lo mal que se me daban la banca y las finanzas, me encantaba la publicidad. Esto supuso un serio descenso en la pendiente ascendente de mi gráfico profesional.

Mi gerente, Chaz Westerfield III (y sí, su nombre se ajustaba perfectamente a su personalidad), dijo que mi revisión «poco espectacular» probablemente se debía a que era nuevo, y que «prefería ser duro conmigo y que mejorara antes que ir a lo fácil y permitir que me quedara atrás».

—No me voy a quedar atrás, Chaz. Esto me ha pillado por sorpresa.

—Bueno, en general estás cumpliendo las expectativas —intentó consolarme sin mucho entusiasmo.

—Vamos, hombre. Ese es un listón bastante bajo. No veo dónde está el problema. Mis clientes son felices.

—¿Tú eres feliz?

—Sí, soy feliz. Quiero decir, ¿parece que no soy feliz? Estoy haciendo... —respondí por reflejo.

—Bull, no pareces feliz —interrumpió Chaz, sacudiendo la cabeza. Hizo una pausa mientras digería sus sorprendentes comentarios—. Y tu gente no parece tan feliz.

—¿Que no parecen tan felices? ¿Qué significa eso? ¿Cómo puede alguien saber...? —Empecé a ponerme a la defensiva.

—Les he preguntado —volvió a interrumpir.

Me quedé helado. ¿Qué podía decir?

Años más tarde, me enteraría por uno de mis empleados que volvería a trabajar conmigo de que Chaz había tergiversado los comentarios de mi equipo y que le habían dicho que estaban preocupados por *mi* infelicidad, no por la suya propia. Pero yo no lo sabía; simplemente asumí que estaba desactualizado y que él decía la verdad. Sea como fuere, en ese momento no me sentía a gusto con Chaz.

—Bueno, Chaz. Por cierto, ¿qué clase de nombre es ese? Quiero decir, te queda bien porque eres un pedante, y probablemente te dieron un fondo fiduciario y un Range Rover cuando tenías dieciséis años.

Me alegro mucho de no haber dicho eso. Quería hacerlo, pero incluso en mi estado de confusión y defensa, sabía que no era cierto ni justo. Quiero decir, probablemente recibió un Range Rover cuando cumplió dieciséis, y definitivamente justificaría el uso del término *pedante*, pero ¿quién era yo para juzgarlo? No todo era culpa de Chaz, hasta donde yo sabía en ese momento, aunque no me gustara el tipo.

—Escucha, Chaz. Lo que dices es cierto, y este es mi reto. Y, maldita sea, voy a responsabilizarme de mí mismo y de mi equipo y usar esta decepcionante revisión para motivarme a mejorar.

Tampoco dije eso. Ojalá lo hubiera hecho, pero no lo hice. Me senté allí frunciendo el ceño y preguntándome qué iba a decirle a Anna.

Terminamos la revisión y, fiel a la naturaleza dura de mi nombre, volví a mi oficina y decidí manejar esto tranquilamente y por mi cuenta. Así que, durante los siguientes seis meses, trabajé duro. Y pasé menos tiempo en casa. Y cuando estaba en casa, estaba bastante malhumorado. Bueno, también estaba bastante gruñón en el trabajo.

Anna estaba agobiada y estresada con Matthew (después de que superara su etapa de cólicos, nos enteramos de que tenía alergia a los cacahuetes) y nada paciente con mi nueva actitud. Y aunque no entraré en detalles aquí, estaba causando problemas. O, mejor dicho, *yo* estaba causando problemas.

No estuve tan atento como debería haber estado a los desafíos de Anna en casa. A menudo no me comporté como correspondía. Incluso empecé a quejarme de tener que cambiarle el pañal a Matthew, aunque mi parte en ese trabajo sucio no podía ser más del 3 o 4 por ciento. La verdad era que no me estaba comportando ni racional ni pacientemente. Aunque Anna lo veía con más claridad que yo, lo cierto es que no estaba orgulloso de mí mismo.

Unos meses más tarde, Anna y yo tuvimos por fin la gran conversación. Estábamos en la cocina cenando hamburguesas del In-N-Out y refrescos de crema mientras Matthew dormía. La conversación fue así...

—No quiero decirte esto, pero vuelvo a odiar mi trabajo —dije.

—¿Qué? Otra vez no —dijo Anna confundida y llorando.

—No te preocupes. No es tan grave. Ya se me ocurrirá algo —le contesté asustado.

—Sé que lo harás. Por cierto, estoy embarazada —dijo todavía llorando, pero no muy alterada.

—¿Qué? Quiero decir, ¡es fantástico! No te preocupes por mi trabajo. Ya se me ocurrirá algo —respondí sorprendido.

En ese momento, la mayoría de mis pensamientos sobre el trabajo desaparecieron y simplemente lo celebramos.

Dos horas más tarde, mientras estaba tumbado en la cama intentando dormir, volvieron mis preocupaciones por el trabajo. En ese mismo momento decidí que no sería un marido y padre gruñón mientras nuestra familia crecía. Sabía que tenía que hacer un cambio, y recé para que ocurriera algo que lo hiciera posible. Y, en pocos meses, esas oraciones fueron respondidas.

HEADHUNTER

Una tarde recibí una llamada después de mi tercera reunión frustrante del día. Era un tipo de una agencia de empleo del centro.

—Te hemos estado siguiendo durante un tiempo, Bull —dijo el tipo.

Me sentí como un espía.

—Una de las mejores agencias de la ciudad quiere hablar contigo sobre un trabajo. ¿Estarías abierto a ello?

¿Cómo podría no estarlo? Quiero decir, alguien me estaba siguiendo, después de todo.

Dos días más tarde, comí con un chico y una chica en un bonito restaurante cerca del puerto deportivo y me enteré de que podía ganar casi un 20 % más de dinero haciendo el mismo tipo de trabajo que había estado haciendo durante años, y con clientes más interesantes.

Así que me tiré de cabeza. Y caí bien.

Después de cuatro días de adaptación —sí, solo cuatro días— me sentía tan feliz como nunca antes en un trabajo. Nuevos clientes, nuevos sectores, nuevos compañeros y nuevas ideas. Y todavía no podía creer que el cambio de trabajo supusiera un aumento tan grande de mi salario.

Pero la compensación tenía poco, o nada, que ver con mi sensación de alivio. Es decir, no iba a rechazar el dinero, pero había algo más, algo relacionado con el trabajo en sí. No sabía decir qué era exactamente, así que me dije a mí mismo y a cualquiera que me preguntara que debía de gustarme mucho la publicidad.

COLLAGE:
SEGUNDA PARTE

Avanzo rápidamente otros siete años.

Anna acababa de dar a luz a nuestro cuarto hijo. Por cierto, ninguno de ellos tenía nombres que sonaran ni remotamente a vaca, ni a ningún tipo de animal. Nos habíamos mudado a una bonita comunidad llamada Pleasant Hill. Y, aunque la vida iba más rápido de lo que me hubiera gustado, el trabajo era en general una fuente de alegría.

Lo que me recuerda que, de vez en cuando, pensaba en Joy y en los demás cajeros del banco de mi ciudad natal. Años antes, durante un viaje para ver a mis padres, pasé por la ventanilla para cobrar un cheque (la gente todavía lo hacía en esa época). Me asomé al interior y, muy a mi pesar, vi a Joy en su ventanilla charlando con un cliente. Por suerte, no me vio porque no quise entrar y decirle lo feliz que era ahora, ideando estrategias publicitarias en lugar de emitir cheques de caja. Habría sido demasiado triste para mí. O para ella. No estoy seguro.

Así que ahí estaba yo, con treinta y muchos, haciendo todo lo posible por ser un buen marido y un buen padre, disfrutando de mi trabajo más de lo que podría haber esperado una década antes. Para ser honesto, había llegado a dar por sentada la satisfacción de mi trabajo. Me había convertido en vicepresidente de una u otra cosa en la agencia, y todo parecía ir sobre ruedas. Hasta el día del anuncio.

ADQUISICIÓN

Las fusiones y adquisiciones en el mundo de la publicidad no eran tan raras en aquella época, signifique lo que signifique eso. Las empresas más grandes compraban empresas más pequeñas y las más pequeñas se separaban de las más grandes con bastante frecuencia. Así que no me sentí especialmente consternado cuando nos compró una de las cinco mayores agencias del mundo.

Mantendríamos la mayoría de nuestros clientes, y eso era lo que parecía más importante. Pero en ese momento no entendí el impacto del modelo operativo de la empresa más grande, y lo que significaría para mí personalmente.

No quiero aburrirte con los detalles, pero la nueva empresa tenía un enfoque funcional de la gestión de clientes más que geográfico. Esencialmente, eso significa que tenía que colaborar con colegas de Nueva York y Londres que trabajaban con clientes del mismo sector que el mío. Había una división hotelera. Una división de bienes de consumo envasados. Una división de deportes. Una división de salsa barbacoa dulce y picante. En realidad no, pero lo parecía.

Había vicepresidentes por todas partes, y yo era uno de ellos. Y tengo que decir que, en su mayor parte, eran personas generalmente bien intencionadas. El problema era que tenía que reunirme con ellos constantemente y utilizar términos como «líneas punteadas», «sinergia», «participación multidisciplinaria» y «matriz de aprobación». Era agotador. Y desalentador.

Perdíamos más tiempo y parecía que conseguíamos menos cosas que en cualquier otro momento de mi carrera. Tuve que jugar a la política corporativa y conseguir aprobaciones en cada paso del proceso de los clientes. Y no podía proteger a mi gente de todo esto. Según sus descripciones de trabajo, tenían sus propias líneas punteadas de las que preocuparse, tratando de sobrevivir a la miseria de la gestión de matrices. Los trabajadores no podían salirse de sus carriles y tenían que decidir si querían complacer a su jefe, a sus equipos funcionales de todo el mundo o a sus clientes. Era un desastre.

Y lo peor de todo es que el modelo de la empresa parecía funcionar, al menos desde el punto de vista financiero. La mega agencia ganaba más dinero y atraía más clientes que cualquiera de sus competidores. ¿Quién era yo para discutir su enfoque? Además, nos pagaban a mí y a mi gente más de lo que esperábamos o creíamos merecer.

Pero para mí no fue suficiente. Porque la tristeza de los domingos había vuelto, y decidí que no había suficiente dinero en el mundo para hacer que me enfrentara a ella de nuevo.

CONFESIÓN

Sabía que tenía que hablar con Anna, y no tenía muchas ganas de saber lo que tendría que decir. Así que la llevé a nuestro pequeño restaurante italiano favorito, propiedad de un matrimonio del mismo pueblecito del que procedía la familia de Anna en la Toscana. Por mucho que me gustara la comida, quería que estuviera de buen humor cuando le diera la noticia.

Pensaba esperar hasta el postre.

—La tristeza dominical ha vuelto —solté sobre la burrata. Tengo muy poco autocontrol.

Tardó un momento en asimilar lo que estaba diciendo.

—¿Perdón? —Estaba claramente descontenta.

—Sí, estoy empezando de nuevo a odiar ir a trabajar. —Anna dejó el tenedor y tomó aire.

—Pero te gustan Joe y Janet y el otro tío con el nombre que también empieza por J. —Parecía una acusación más que una pregunta o una afirmación de hecho.

—Javier.

—Es verdad —dijo ella desapasionadamente—. Siempre me olvido de él.

—Probablemente porque su nombre suena como la H. —Intentaba hacer una broma. No se rio, ni siquiera sonrió.

—Supongo que sí. De todos modos, dijiste que te gustaba esta gente.

Asentí con la cabeza.

—Me gustan.

—¿Es la mujer de Recursos Humanos?

—No. —Me reí nerviosamente—. Holly es como un grano en el culo, pero no es suficiente para provocarme tristeza los domingos.

—Entonces, ¿de qué se trata? —preguntó, con una expresión seria que solo había visto dos veces antes, en situaciones que preferiría olvidar.

—No lo sé —dije, tratando de no mostrar miedo—. Supongo que tiene que ver con la burocracia. Las aprobaciones. Los informes. La falta virtual de algo creativo.

Anna se quedó sentada mirando su comida durante los quince segundos más largos de mi vida. Finalmente, respirando profundamente, frunció el ceño y asintió levemente con la cabeza, pero no dijo nada.

—¿Qué? —pregunté.

—¿Qué de qué? —replicó ella con frialdad.

—Algo va mal —declaré—. Puedo ver que algo va mal.

Volvió a respirar profundamente y me miró directamente a los ojos. Algo había cambiado. Había un sutil indicio de empatía. Finalmente, habló.

—Creo que sé lo que estás pensando. —Hizo una pausa—. Aunque todavía no sepas que lo estás pensando.

No tenía ni idea de lo que quería decir, pero me había acostumbrado a la precisión de su telepatía conyugal.

—¿En qué estoy pensando? —respondí todavía asustado.

—Dejaré que lo descubras —declaró antes de dar un bocado a la burrata.

—Eso no es justo —supliqué sin éxito, tratando patéticamente de aligerar el ambiente—. Me conoces mejor que yo.

Llegó nuestra comida, lo que me proporcionó unos minutos de distracción para poder ponerme al día con el cerebro de mi mujer y reunir valor.

Después de que una avalancha de queso parmesano cayera sobre mi pasta y el hombre del rallador abandonara la mesa, continué.

—Entonces, ¿dices que estoy pensando algo y no te gusta?

—Parcialmente correcto —anunció rotundamente mientras tomaba cuidadosamente un bocado de ñoquis calientes.

—Entonces, ¿*te gusta* lo que estoy pensando, que ni siquiera sé que estoy pensando?

—No me desagrada. Solo que no es fácil para mí. —Creo que casi sonrió, pero no estaba seguro.

—Así que es un gran cambio.

Levantó la vista hacia mí y asintió ligeramente. Ahora había un leve indicio de lágrimas en sus ojos.

Y fue entonces cuando me di cuenta.

Bajando la voz, no porque nadie me oyera sino porque casi tenía miedo de decir las palabras en voz alta, hablé.

—Debería crear mi propia empresa.

Anna cerró los ojos y asintió lentamente.

Tras otros diez segundos de silencio, pregunté:

—¿Y te parece bien?

—No —dijo con toda naturalidad.

Estaba confundido.

—Pero estoy convencida de que es la única manera de que seas feliz en el trabajo. —Hizo una nueva pausa, tomó un bocado de su comida, tragó y continuó—. Y creo que es hora de que nos mudemos. Es el momento adecuado para todo esto, para ti, para mí y para los niños.

Tomé aire y estuve a punto de hablar, pero ella respondió a mi pregunta antes de que pudiera hacerlo.

—Sí, estoy segura.

LA BANDA

Varios meses más tarde, estábamos viviendo en el lado de Nevada del lago Tahoe, a solo una docena de kilómetros del caos de un estado en el que habíamos vivido toda nuestra vida. Encontré una oficina rústica con vistas al monte Rose, y no tuve problemas para reclutar a unos cuantos miembros del personal, amigos y antiguos colegas que tenían más ganas de escapar de lo que yo había pensado.

Estar fuera de una gran área metropolitana —sin ánimo de ofender, Reno— no era un problema, ya que la mayor parte de lo que hacíamos era digital. Además, fuimos los primeros en adoptar la tecnología de vídeo para las reuniones y la colaboración con los clientes.

Llamamos a la empresa Jeremiah Marketing: el grupo insistió en que encontráramos la forma de utilizar mi nombre, que había permanecido oculto al mundo durante los últimos cuarenta y dos años. A treinta minutos del lago, de las pistas de esquí y de un aeropuerto internacional, todo era genial. Todo se sentía más ligero, y no era solo por la altitud.

La oficina estaba formada por doce personas. Yo era el director general, sea lo que sea que eso signifique. Probablemente debería darte un resumen de mi equipo ejecutivo, porque la mayor parte de lo que sucede a continuación los involucra.

Amy Sample era la vicepresidenta de ventas y relaciones con los clientes. La había conocido años antes en la primera empresa de publicidad en la que trabajé. No trabajó en el Proyecto Llama con Jasper y conmigo, pero empezó en uno de los peldaños más bajos del escalafón como nosotros, y era una joya.

Chris Herrera, un amigo mío de la universidad que estudió economía y que todavía recordaba algo de ella, se encargaba de las finanzas, las operaciones y todo lo relacionado con la administración. Lo llamábamos el director financiero. Confiaba en él con mi vida y sabía que nunca tendría que perder el sueño por las nóminas, los ingresos o la solvencia financiera. Lo abrazaba regularmente.

Quinn Ryder era una joven arrolladora recomendada por Amy, y hacía un poco de todo. Sabía que sería la *infielder*, si eres un fanático del béisbol, o tal vez el pegamento que mantuvo todo unido cuando se fue todo a la mierda. ¿Te ha gustado cómo he mezclado metáforas? En cualquier caso, Quinn se encargaba de las compras de publicidad y de los servicios operativos para los clientes, así como de cualquier otra cosa que necesitaran los demás.

Y luego estaba Jasper Jones, mi compañero en el zoológico interactivo. Como la mayoría de los hombres, no mantuvimos el contacto después de separarnos años atrás, pero lo retomamos como si no hubiera pasado el tiempo cuando le propuse que se uniera a la empresa. Se había dejado crecer una de esas largas barbas desde la última vez que lo vi, lo que parecía encajar muy bien con nuestro nuevo trabajo en las montañas. Jasper era vicepresidente de servicios. Me ayudaba con las soluciones para los clientes, pero se había especializado en publicidad digital y redes sociales.

Ah, y casi me olvido de mencionar a Lynne Lynn. Ese es su nombre. No bromeo. Originalmente era Lynne Gregory, pero se enamoró y se casó con un gran tipo con un apellido desafortunado, lo que hizo que pasara los últimos quince años convenciendo a la gente de que no la llamaran Lynne Lynn. De todos modos, seguimos llamándola así. Lynne es nuestra directora creativa y se encarga del diseño artístico, la maquetación y la producción.

Teníamos media docena más en la oficina que hacían una variedad de cosas importantes a un nivel ligeramente inferior. Para ser justos, todos hacíamos nuestra parte de trabajo aburrido, porque así funciona una empresa pequeña. Me gusta que sea así.

Bueno, a lo que iba. Nuestra oficina era bonita, con mucha luz y muchas ventanas. Pero no era pretenciosa como tantas agencias de publicidad con las que habíamos trabajado. No había escaleras, ni pufs, ni mesas de futbolín, de ping-pong o camas de masajes, aunque siempre teníamos cerveza y Coca-Cola en la nevera.

Todo en JM, como la llamábamos, fue maravilloso durante los dos primeros años. En casa también, gracias a Dios, pero esa es otra historia (más importante).

Nuestra ubicación ligeramente remota no fue un obstáculo para que consiguiéramos grandes clientes de todas partes del país, y estábamos ganando un poco más de dinero de lo que esperábamos, que fue mucho mejor por los impuestos más bajos y un coste de vida normal. Seguimos atrayendo a buena gente a medida que crecíamos, encontrando más talento bueno en el área local de lo que habíamos esperado. Lo más importante de todo es que todo el mundo se divertía muchísimo.

Desgraciadamente, al comenzar el tercer año de nuestra empresa, algo cambió. Pillé lo que más tarde llamaría «la mala leche».

LA MALA LECHE

No se parecía en nada a la tristeza de los domingos, porque los fines de semana nunca me daba pavor el trabajo, y me hacía feliz ir a la oficina los lunes y todas las demás mañanas. Al fin y al cabo, trabajaba con personas que habían sido, o se habían convertido, en amigos íntimos. Hacíamos un trabajo interesante, lo hacíamos bien y se nos reconocía por marcar la diferencia para nuestros clientes.

Pero, de alguna manera, cada vez con más frecuencia, me encontraba más estresado y, ¿cuál es la palabra correcta?, eso es: irritable, de lo que debería haber estado. Una vez a la semana, más o menos, me ponía a discutir con la gente, con esa mirada que les hacía pensar que estaba ligeramente enfadado con ellos. Y luego empezó a ocurrir más a menudo.

Al principio, la gente se burlaba de mí. Jasper empezó a referirse a mi aspecto cuando me frustraba, diciendo que ponía «la cara». Incluso hizo una imitación graciosa de mí, lo que me dolió un poco más de lo que dejé ver. Un día en casa, a Anna se le ocurrió sin querer un nombre de rapero para mí cuando dijo: «Eres un poco duro, ¿no? Deberíamos llamarte Pit Duro». No debí habérselo dicho a los jóvenes del trabajo, porque desde ese momento adoptaron ese seudónimo para referirse a mí.

Por muy divertido que fuera, la realidad de mi irritabilidad era un problema que no entendía. ¿Cómo es posible que un tipo que dirigía su propia empresa, rodeado de gente maravillosa, fuese tan temperamental?

Tan desesperada como yo por resolver mi dilema, Anna estaba aún más decidida. «Será mejor que lo resuelvas, Bull. No nos vamos a mudar de nuevo, y nunca vas a encontrar un grupo mejor para trabajar si les tocas los huevos». Probablemente usase palabras más amables que esas, pero me gusta recordarlo así.

Gracias a Dios por Amy, que sin saberlo provocó un descubrimiento que cambiaría mi carrera, nuestro equipo y mi vida.

LA PREGUNTA

Estábamos haciendo una presentación de ventas a una empresa local llamada RenoCorp que poseía un equipo de béisbol de ligas menores, un equipo de hockey y un centro de eventos en la zona. Una organización realmente genial.

Aunque hubo algunas erratas y fallos en nuestra presentación, Amy y yo lo conseguimos, y parecía que tendríamos un nuevo cliente. Pero de vuelta a la oficina, me desahogué sobre los errores que Makena y Shane, dos de nuestros empleados más jóvenes, habían cometido al preparar nuestra presentación. Creo que estaba bastante enfadado, incluso utilicé unas cuantas palabras malsonantes, algo que Anna me acusaba de hacer cada vez más últimamente.

Cuando volvimos a la oficina, llamé a Shane y a Makena para que se reunieran con Amy y conmigo, y les eché la bronca por los errores cometidos en su trabajo. No fui demasiado duro, me aseguró Amy más tarde. «Ni siquiera has parecido Pit Duro», bromeó. Pero estaba claramente molesto por tener que decirles a estos chicos que sus descuidos podrían haber puesto en peligro nuestro lanzamiento.

En cuanto los jóvenes amonestados salieron de la habitación, me dirigí a Amy.

—Oye, tengo una idea para el nuevo complejo turístico que estamos montando en Graeagle. Es un lugar orientado a la familia y deberíamos hacer algo que contrastase con lo de

Las Vegas. *Lo que pasa en Graeagle no debería quedarse en Graeagle. Llévate a casa toda una vida de recuerdos.* Algo así.

Amy me miró con extrañeza.

—¿Qué? —Quise saber.

—¿Por qué eres así? —preguntó retóricamente.

—¿Qué quieres decir?

—No lo sé. —Ella frunció el ceño, de forma amable pero curiosa—. Hace treinta segundos estabas exasperado. Ahora estás emocionado en torno a una nueva idea.

No me quedó claro a qué se refería, así que continuó.

—Pasas de la frustración a la inspiración en segundos, y me gustaría saber cuál es la causa. —Esta vez parecía estar esperando una respuesta.

—Tienes razón —admití—. Tienes toda la razón. Ojalá entendiera por qué.

Tras una pausa, empezó a recoger sus cosas para irse, así que la detuve.

—No, realmente me gustaría entender por qué. La mitad del tiempo estoy entusiasmado con el trabajo. La otra mitad, estoy frustrado. Y la mitad del tiempo estoy confundido por todo ello.

—No puedes tener tres mitades.

—¿Qué? —Ella sonrió.

—Has dicho «la mitad del tiempo» tres veces. —Me reí.

—Cállate. Me siento un poco loco aquí. Hazme el favor. —Amy volvió a dejar su bolso en el suelo.

—Vale, pero primero tengo que decirte algo que nunca he dicho antes. —Mis ojos se abrieron de par en par.

—De acuerdo. —Respiró profundamente.

—Hace unos seis meses recibí una llamada de esa empresa de relaciones públicas de Reno. Querían contratarme. —No me inmuté por su comentario.

—¿Por qué no me lo dijiste? No es para tanto a menos que... —Me interrumpió.

—La verdad es que me entrevistaron y pensé en aceptar el trabajo.

Ahora me sentí nervioso. O, tal vez, aturdido. Antes de que pudiera preguntar por qué, Amy me explicó.

—Estos altibajos por los que pasas pueden ser bastante agotadores. Me preguntaba si podría ser más... —hizo una pausa, tratando de pensar en la palabra adecuada— más estable y tranquilo en otro lugar.

—¿Qué pasó? —le pregunté recuperándome de mi sorpresa.

—Después de una entrevista me di cuenta de que no me divertiría tanto allí, y que os echaría mucho de menos a ti y al equipo.

Recibí su respuesta con agrado, pero no pude quitarme de la cabeza la idea de que había contemplado la posibilidad de marcharse.

—Así que... —Tomé aire—. Resolver esto es algo muy importante.

Ella sonrió y asintió con la cabeza.

—Sí, creo que sí.

Nos quedamos sentados durante unos largos diez segundos.

—Hagámoslo —anunció Amy, y nos lanzamos.

A pesar de mi sorpresa por lo que Amy me había contado, tengo que admitir que las tres horas siguientes pasaron volando. De hecho, me parece que me desmayé a las once y me desperté a las dos porque, a día de hoy, me cuesta recordar exactamente lo que pasó. Amy, así como Jasper y Lynne, que finalmente se unieron a nosotros, me aseguran que, efectivamente, estuve concentrado.

EL TIEMPO QUE PASÓ VOLANDO

Primero, Amy y yo hablamos durante una media hora. Le expliqué que a menudo llegaba al trabajo contento y entusiasmado por el día, y luego sucedía algo que me hacía exasperarme.

—Sé que el problema no es la gente —le expliqué—. Vosotros sois estupendos. Y en general no estoy de mal humor por la mañana. Anna te dirá que salgo para la oficina de buen humor. Pero cuando llega el mediodía, empiezo a quejarme y de repente me siento de alguna manera agotado.

Amy hizo una mueca.

—No te estás simplemente quejando. —Hizo una pausa—. Estás como enfadado.

Eso me dolió. Pero no lo podía discutir.

En ese momento, Jasper y Lynne entraron en la sala. Antes de que pudieran hacer una pregunta sobre la presentación de la mañana a los clientes, les estaba presionando para obtener información.

—¿Por qué creéis que me pongo tan gruñón últimamente?

—Porque eres un imbécil —respondió Jasper sin dudarlo.

A pesar de lo desesperado que estaba por entender esto, no pude evitar reírme. Tampoco pudieron Lynne y Amy. Jasper era divertido.

—Aparte de eso —le seguí el juego—, ¿qué es lo que me lleva de la alegría a la inquietud?

Jasper se sentó a la mesa, más serio ahora, y se encogió de hombros.

—No lo sé. Eso deberías saberlo tú.

Lynne se sumó.

—¿Qué le dices a Anna cuando llegas a casa por la noche?

—Buena pregunta —respondí y lo pensé por un momento—. Le digo que estoy cansado.

—¿Cansado? —preguntó Lynne—. ¿O cansado de algo? Dio en el clavo.

—Cansado de algo —asentí y lo pensé unos instantes más.

—¿De qué? —insistió Lynne.

De repente, me puse nervioso.

—Siempre le digo que estoy cansado de tener que controlar constantemente las cosas y hacerlas avanzar, y que siento que, si no lo hago, las cosas se detendrán.

Los ojos de la gente se abrieron de par en par, como si hubiéramos descubierto algo útil.

—Pero ese es tu trabajo —dijo Jasper.

—Sí, lo sé. Pero realmente me gustaría no tener que hacerlo tanto. Quiero ser el tipo divertido. No quiero ser el que exige.

—¿Qué quieres decir con «el tipo divertido»? —preguntó Jasper.

—Ya sabes. Al que se le ocurren nuevas ideas. El que evalúa las diferentes ideas y descubre las mejores.

—Ese no es el trabajo del tipo divertido —dijo Jasper—. Eso suena horrible.

Estaba genuinamente sorprendido.

—¿Qué es más divertido que eso?

Jasper se pensó la respuesta.

—Cuando un cliente llama por algo a última hora y consigo ser su héroe, eso es divertido. Y cuando me piden algo imposible y se lo resuelvo tan bien que me llaman al día siguiente para decirme que les he salvado el culo.

Me sorprendió.

—¡Esa es mi pesadilla! No me extraña que me guste trabajar contigo. Nunca tengo que hacer eso. —Entonces me di cuenta de algo—. ¿Te gusta motivar a la gente?

Jasper parecía no tener claro lo que le estaba preguntando. Así que aclaré.

—¿Para que sigan avanzando y asegurarte de que están comprometidos y encaminados? —Antes de que pudiera responder, contesté por él, de forma algo acusadora—. Eso no te gusta, ¿verdad?

Jasper negó con la cabeza.

—Yo no diría que no me gusta. —Antes de que pudiera objetar, terminó de explicarse—. Diría que lo odio. Prefiero hacer el trabajo yo mismo.

Amy se sumó.

—Yo también.

Lynne levantó la mano en señal de acuerdo.

—Mierda —dije, usando una de esas palabras «malsonantes» de nuevo—. Soy el único motivador.

LOS CÍRCULOS

—Explica más sobre eso —pidió Lynne.

Me estaba emocionando.

—A nadie más aquí le gusta evitar que la gente pierda el impulso. Hacer que sigan adelante.

—Creo que Chris hace eso a veces —replicó Amy.

Me quedé pensando.

—Sí, pero solo en lo que se refiere a la administración y las finanzas —expliqué—. Creo que soy yo quien lo hace en todo lo demás.

—Pero lo haces bien —insistió Lynne—. Nos gusta cuando nos motivas, si así es como lo llamas.

—Pero no lo hago. Me deja agotado. Cuando vengo a trabajar, estoy pensando en algún nuevo proyecto o problema que vamos a resolver ese día, y entonces…

—Y luego te digo que empezamos a retrasarnos en los contenidos online —interrumpió Jasper.

—¡Claro! —grité—. Y tengo que empezar a hacer preguntas y convencer a la gente para que se ilusione de nuevo. Siento que puedo estar frustrando a todo el mundo. Y sé que yo mismo estoy frustrado.

—Pero casi siempre acabamos haciéndolo mejor —defendió Jasper—, y siempre llegamos a nuestros objetivos.

—¿Pero por qué no los exhortas *tú*? —le pregunté a Jasper, de forma ligeramente agitada.

—Vuelves a tener esa cara de gruñón —me informó.

—Lo siento. Y gracias por decírmelo. —Tomé aire y elegí mis palabras con cuidado—. No lo digo como una crítica. Solo tengo curiosidad por saber por qué me dejaste hacerlo.

Jasper frunció el ceño.

—Supongo que sé que se te da mejor que a mí. Y, para ser sincero, pensé que te gustaba. Parece fácil para ti.

Amy me miró con cara de pena.

—Yo también.

—Supongo que siempre te hemos visto como el jefe que influye en la gente —continuó Jasper.

Nos reímos.

—Bueno, me estoy convirtiendo en el jefe cabreado, y eso no es bueno ni para mí ni para nadie.

—Entonces, ¿qué hacemos? —preguntó.

Y, según todos los presentes, ese fue el momento en que me dirigí a la pizarra, y los círculos comenzaron a surgir.

INCREMENTALISMO

El tiempo vuela cuando tengo un rotulador en la mano.

Por lo que me cuentan, estuvimos menos de cinco minutos hablando de mis cambios de humor y luego pasamos al proceso de trabajo. Analizamos la diferencia entre lo que ocurre al principio de un proyecto y al final y cómo nos sentimos atraídos por el trabajo en diferentes etapas. Y hablo completamente en serio cuando digo que, por alguna razón, no puedo recordar todos los detalles de esa conversación, pero sí sé que fue intensamente divertida.

En noventa minutos, la pizarra blanca de nuestra sala de conferencias estaba cubierta de palabras, formas y flechas. En el centro de todo ello había tres círculos dispuestos horizontalmente.

Sobre el primer círculo, había escrito la palabra *ideación*, y sobre el tercero, *implementación*. El círculo del medio es el que nos pareció más fascinante, o quizás novedoso, y encima de él estaba la palabra *activación*. Lo etiquetamos como «Las tres etapas del trabajo».

Cada círculo estaba lleno de media docena de otras palabras para describir lo que significaba. Añadimos y quitamos palabras cada vez que consultábamos nuestros tesauros y encontrábamos algo mejor. Dividimos los círculos en mitades y metimos algunas palabras en una mitad frente a la otra. Era un lío y necesitábamos alejarnos de todo ello para poder avanzar. Estábamos atascados.

TRES ETAPAS DEL TRABAJO

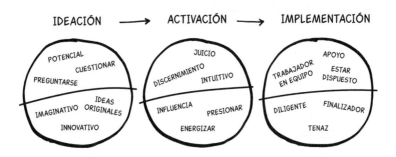

Así que hicimos lo que siempre hacíamos en estas situaciones: introducir gente nueva en la sala. En este caso, Chris, nuestro director financiero, y Quinn, la jugadora de equipo. Las llamamos reuniones progresivas, que implica tener que parar y explicar una nueva idea a gente nueva desde cero. Hay dos ventajas.

En primer lugar, el hecho de tener que volver a explicar la idea permite que el equipo original se aclare sobre lo que han decidido, e incluso les permite iterar mientras se presentan a nuevas personas. En segundo lugar, y más obvio, proporciona una fuente de información fresca y nueva.

En cuanto llegaron Chris y Quinn, me metí de lleno. Recuerdo esta parte vívidamente.

—Vale, estaba desahogándome otra vez con Amy sobre por qué estoy cansado y malhumorado y todas esas cosas. —Asintieron, acostumbrados a que piense en voz alta con la gente—. Me preguntó cuál era mi problema, y...

Amy interrumpió.

—Fui mucho más amable que eso.

Estuve de acuerdo.

—Sí, y te lo agradezco. Pero esencialmente, ella quería saber lo que estaba pasando conmigo. Esperaba que ella lo supiera.

En ese momento me dirigí a la pizarra y señalé la mitad inferior del círculo central, donde estaban escritas las palabras *influir, energizar* y *presionar*.

—No tenía una respuesta, pero en el curso de nuestra conversación, esto es lo que se nos ocurrió.

—Lo que se te ocurrió *a ti*. —Amy me corrigió amablemente.

—Bueno, los dos estábamos involucrados en la conversación.

Antes de que Amy pudiera argumentar ese punto, Quinn habló.

—¿Qué significa exactamente *influir*?

—Gran pregunta —dije—. Se trata de hacer que la gente se mueva. Mantenerla en movimiento. Reunir a la gente y conseguir que se comprometan, se vuelvan a comprometer y se mantengan comprometidos.

—Me he perdido. ¿Qué representan los círculos? Necesito un poco de contexto —intervino Chris.

Tenía razón, y probablemente por eso dije: «Tienes razón». Soy así de inteligente.

Así que cogí el borrador, pero antes de que pudiera eliminar lo escrito en la pizarra, Lynne se puso a sacar fotos con su teléfono para no perder lo que habíamos hecho.

Decidí empezar desde el principio.

TODO EL PASTEL

A estas alturas, era casi la una y no habíamos almorzado. Y como quería tener toda la atención de Chris y Quinn, sugerí que trajéramos la comida y despejáramos el resto de la tarde. Después de que todos hicieran unas cuantas llamadas y confirmaran que estaban disponibles —tengo que admitir que se lo rogué—, nos pusimos manos a la obra.

—Así que mi frustración no es con la empresa, ni con vosotros, ni con los clientes —expliqué—. Es algo mucho más básico que eso.

Hice una pausa, no por efecto, sino porque quería utilizar las palabras adecuadas.

—Tiene que ver con hacer un trabajo que me drena la energía y que, a su vez, me impide hacer el trabajo que me da energía.

Los ojos de Quinn se abrieron de par en par, y pude ver que estaba enganchada. Chris frunció el ceño, todavía no lo entendía. Comencé.

—Hay tres etapas de trabajo, creo.

—Espera —interrumpió Chris—. ¿De qué tipo de trabajo estamos hablando aquí?

Amy intervino antes de que yo pudiera hacerlo.

—Cualquier cosa, desde crear una empresa, dirigir un proyecto, o —se quedó pensando— planear las vacaciones de tu familia.

No había pensado en lo de las vacaciones, pero tenía sentido.

—Se trata de hacer cosas. Cualquier cosa —le expliqué.

Chris asintió, no tanto para decir que lo entendía todo, sino para darnos permiso para seguir.

—La primera etapa la llamamos ideación. —Dibujé el primer círculo.

—¿Es eso innovación? —preguntó Quinn.

—Claro —contesté—. Nos gusta la ideación porque creo que todo nuestro trabajo implica innovación. Pero la idea inicial tiene que empezar en algún sitio. —Estaba decidido a exponer el modelo—. Volveremos a eso en un segundo. Déjame repasar los tres círculos.

—Oh, lo siento —se disculpó Quinn.

—No —la tranquilicé—. Me encanta tu curiosidad. Solo quiero desvelar todo el asunto para que podáis decirme todo lo que pensáis en unos minutos.

Parecía aliviada y continué.

—El tercer círculo —lo dibujé a la derecha— es la implementación. Aquí es donde hacemos las cosas. Eso está bastante claro, ¿verdad?

Todo el mundo asintió con la cabeza, incluidos los que habían participado en la conversación original, lo que me dejó ver que estaban volviendo a comprometerse con el modelo.

—¿Dónde está el segundo círculo? —preguntó Chris.

—Para el carro, Herrera —se burló Jasper—. Está a punto de hablar de eso.

Todo suena más gracioso cuando lo dice Jasper, así que nos reímos.

—El segundo círculo es en el que no pensamos mucho, y es una de las cosas más emocionantes que hay aquí. —Dibujé el segundo círculo, entre los otros dos—. Lo llamamos activación.

Tanto Quinn como Chris fruncieron un poco el ceño, mostrando curiosidad, no desacuerdo.

—No se puede venir con nuevas ideas y luego empezar a aplicarlas sin más —Lynne finalmente intervino.

—¿Por qué no? —Quinn quería saber.

—Bueno —admitió Lynne—, supongo que se puede, pero no funciona muy bien. ¿Y si tus ideas son terribles o no están completas?

—¿No es eso lo que tienen que arreglar los implementadores? —preguntó.

Lynne negó con la cabeza.

—No. Los encargados de la implementación están trabajando. Necesitan saber que lo que están haciendo ya ha sido aprobado.

—Entonces, ¿por qué no lo hacen los ideadores? —Quinn presionó un poco más.

—No son necesariamente buenos en eso. Y estoy bastante seguro de que se centran en la creación de nuevas ideas, no en la evaluación de si esas ideas funcionan —dije.

—¿Y eso es el círculo del medio? —preguntó Chris—. ¿Ellos averiguan si una nueva idea es buena?

Dudé.

—Sí, pero es más que eso. Deja que te explique lo que ocurre dentro de cada una de estas tres etapas.

Quinn hizo una mueca.

—Lo siento, chicos, pero no veo cómo esto explica que Bull esté tan cabreado siempre.

Me alegré de que fuera Jasper quien le contestara. Estaba inusualmente serio.

—Lo harás. Va a explicar muchas cosas.

El comportamiento de Quinn cambió inmediatamente.

—Bien. Tienes mi atención. —Esto provocó que Chris dijera algo que nadie esperaba.

—Me encanta esta mierda. —Todo el mundo, incluido yo, se sorprendió.

—Podría hablar de estas cosas todo el día —explicó Chris.

Para mi deleite, la energía en la sala se disparó como resultado del inesperado comentario.

Y entonces se le ocurrió algo a Jasper.

—Oye, esto es *Bullshit*. —La gente estaba confundida. Me señaló a mí—. Bull. —Luego señaló el tablero—. Mierda de Bull.

Si cualquier otro lo hubiera dicho, habríamos gruñido. Pero había algo en Jasper, y volvimos a reírnos.

Me entusiasmó que la gente estuviera interesada.

PERFECCIONAMIENTO

Mantuve el hilo de la conversación.

—Así que, aquí en el trabajo, tenemos que idear, activar e implementar. Todas son igual de importantes, pero se empieza por la ideación, que es mi parte favorita.

De repente, Amy estaba confundida.

—Espera un segundo, Bull. Creo que soy buena en la ideación, pero no se me ocurren nuevas ideas como a ti.

Me quedé mirando los círculos durante unos largos segundos. Me quedé perplejo.

—Parece que casi siempre formas parte del proceso de ideación. Quiero decir que eres la persona con la que más ideas tengo. Quizá seas más inventiva y creativa de lo que crees.

Ella frunció el ceño.

—No, definitivamente no soy creativa. Nunca lo he sido. —Lo pensó un poco más—. Solo me gusta tener la cabeza en las nubes contigo.

Empezaba a preocuparme que nuestro pequeño modelo se estuviera deshaciendo cuando Lynne tomó la palabra.

—Tal vez tener una nueva idea no sea el primer paso de la ideación.

Tenía nuestra atención y no necesitaba esperar a que le preguntáramos por qué.

—Alguien tiene que identificar el problema —hizo una pausa— o la oportunidad, primero.

Creo que si no fuera por el dilema de Amy, habría estado en desacuerdo. Pero después de considerarlo durante unos segundos, me di cuenta de que tenía razón.

—La primera parte de la ideación consiste en cuestionarse, preguntarse, reflexionar y plantear esas preguntas.

—¿Qué preguntas? —Jasper quería saber.

—Las grandes preguntas, las que Amy siempre se hace. «¿Por qué es así?», «¿Hay una forma mejor?» o «¿Hay más potencial aquí?». Esas son las preguntas que surgen antes de empezar a inventar.

Para mi sorpresa, y la de todos los demás, Chris fue a la pizarra, borró el primer círculo y escribió dos en su lugar.

—¿No tiene esto más sentido? Aquí hay dos actividades y habilidades diferentes.

—Pero ambas forman parte de la ideación —dijo Lynne.

—Solo digo —explicó Chris a su manera racional y convincente—, que es mejor separar las dos mitades porque no son la misma cosa. Es confuso.

Cogí el borrador de Chris, que parecía un poco preocupado, y eliminé los otros dos círculos y los sustituí por cuatro. Ahora teníamos seis: dos en ideación, dos en activación y dos en implementación.

—Entonces, ¿supones que hay dos en cada categoría? —preguntó Jasper—. Tal vez no deberíamos sacar conclusiones precipitadas.

Sonreí.

—Siempre podemos borrar, amigo mío.

Y entonces todo se paralizó cuando Bella, nuestra jefa de oficina, vino a tomar nuestros pedidos de comida.

UNA IDEA DESORDENADA

Cuando todos terminamos de debatir la diferencia entre carne asada y barbacoa, nos volvimos a la pizarra. Los seis círculos nos miraban fijamente.

—Todavía no sé por qué, o si, hay seis —comenzó Jasper—. Olvidémonos de las formas y las flechas y pensemos en cómo se hace el trabajo.

Me gustó su sugerencia, y también a todos los demás. Así que Jasper tomó el relevo.

—Pensemos en el proyecto de un cliente. ¿Cuál era la empresa a la que habéis presentado hoy?

—RenoCorp —respondió Amy.

—¿Es la empresa que gestiona los equipos deportivos y el gran estadio al oeste del aeropuerto? —preguntó Chris.

Jasper asintió y siguió adelante.

—Bien, ¿cómo se inició este proyecto?

Miré a Amy.

—Fue tu idea, ¿verdad? —le pregunté.

—Creo que sí. Me preguntaba por qué muchos de nuestros clientes están al otro lado de las montañas, o al otro lado del país. Hace un par de noches estaba viendo un partido de hockey de los Jokers con Dan, y al día siguiente le pregunté a Bull por qué no intentar convertirlos en clientes.

Nadie dijo nada, así que siguió adelante.

—Lo siguiente que sé es que Bull tiene una maqueta de anuncios que podrían publicar en Tahoe y en el aeropuerto, y una idea sobre el patrocinio de las escuelas de la zona. Y empieza a pensar en asociaciones con el Hospital St. Luke, especialmente con la unidad ortopédica que se ocupa de las lesiones y la rehabilitación.

—Para ser justos, Lynne me ayudó con los anuncios —intervine.

—Sí —reconoció—, pero tenías tres dibujos y un puñado de eslóganes antes de que yo supiera lo que estaba pasando. Solo te dije cuáles eran buenos, cuáles eran una mierda y te hice retocar algunos de los que me trajiste. No sé qué proceso es ese, pero viene después de la ideación.

—Se llama buen gusto —declaró Chris.

—O intuición —añadí, señalando la pizarra—. Juicio, instinto y evaluación. Y proporciona retroalimentación a la persona que hace la invención creativa. Me ayudó, como siempre lo hace, a evitar ir demasiado lejos con una mala idea, o una que no está del todo lista.

Lynne parecía halagada por mi comentario, aunque no era mi intención. Solo era la verdad.

Fui a la pizarra, completé los primeros dos círculos y escribí esas palabras en el tercer círculo.

Lynne resumió.

—Lo primero es preguntar, pensar o cuestionarse sobre algo. Lo segundo es crear o inventar una solución o una nueva idea. La tercera es —hizo una pausa, tratando de resumir el debate que acabábamos de tener— evaluar y valorar si es una buena idea.

TRES ETAPAS DEL TRABAJO

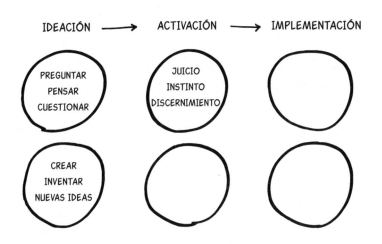

IDEACIÓN ⟶ ACTIVACIÓN ⟶ IMPLEMENTACIÓN

PREGUNTAR
PENSAR
CUESTIONAR

JUICIO
INSTINTO
DISCERNIMIENTO

CREAR
INVENTAR
NUEVAS IDEAS

—Me gusta la palabra *discernimiento* —dijo Amy—. Se trata más de tener un buen juicio y una intuición que de ser inteligente.

—¿Estás diciendo que no soy inteligente? —se burló Lynne.

—Eso me ha parecido oír a mí —bromeó Jasper, inexpresivo como siempre.

Quinn miraba fijamente la pizarra y no parecía escuchar la broma.

—Tengo que deciros algo. —Hizo una pausa y dejó que la risa se apagara—. Esto tiene sentido para mí. Y explica muchas cosas.

—Dime otra vez cómo explica que Bull esté siempre cabreado —pidió Lynne.

—Oye —protesté—. No estoy cabreado todo el tiempo.

—No es eso lo que quería decir. Debería haber dicho...

—Lo sé. Estoy de coña —la interrumpí.

Quinn continuó hablando.

—Entonces, ¿es aquí donde entra en juego lo de la motivación?

—Yo creo que sí. Una vez que consideremos que una idea, una propuesta o un plan es bueno, tenemos que conseguir que la gente se entusiasme con él —respondió Amy.

Y fue entonces cuando se me encendió una bombilla en la cabeza.

EL DETONANTE
DE LA MALA LECHE

—Acabo de darme cuenta de algo. El hecho de que seas bueno en una tarea o actividad no significa que te guste hacerla todo el tiempo. Puedo influir y presionar a la gente bastante bien, pero no disfruto con ello. Después de un tiempo, si tengo que hacerlo demasiado, me agota y me desanimo.

—Pero ¿y si eres el mejor que tenemos para hacerlo? —preguntó Jasper—. Y además, ¿quién puede pasar todo su tiempo haciendo cosas que le gustan?

—Bueno... —Me quedé pensando—. No me malinterpretes. Todos tenemos partes de nuestro trabajo que no nos gustan. Todos tenemos que apechugar a veces.

La gente parecía aliviada de que no estuviera defendiendo una especie de idealismo utópico.

—Pero, si mi experiencia me sirve de algo, si tienes que hacer esas cosas muy a menudo, probablemente serás bastante desagradable. O un poco duro.

—Entonces, supongo que estamos jodidos —declaró Jasper secamente.

—Pues sí —respondí bromeando.

Quinn ahora fruncía el ceño.

—Quizá no necesitemos un motivador.

Amy frunció el ceño, pensando, y finalmente negó con la cabeza.

—No. Si Bull no nos motiva, no conseguiremos ni la mitad de lo que hemos hecho. Necesitamos que nos presionen.

—¿Ves? Estamos jodidos —repitió Jasper.

—Quizá tengamos que acostumbrarnos a que Bull sea un gruñón —ofreció Quinn sin entusiasmo.

Amy negó con la cabeza.

—No, eso no funciona. Además de ser injusto para él y desagradable para el resto de nosotros, acabaremos perdiendo las cosas que realmente necesitamos que haga, y las que le hacen feliz.

—Cuéntanos otra vez lo que te gusta —me pidió Jasper en otro raro momento de seriedad.

Me acerqué a la pizarra.

—Me gusta inventar cosas y valorarlas. —Señalé el segundo y el tercer círculo.

Jasper se quedó mirando la pizarra.

—La invención tiene sentido. Me gusta esa palabra. Pero creo que Amy tiene razón. Deberíamos llamar a la otra *discernimiento*. Esos son tus genialidades.

—¿Genialidades? —preguntó Lynne—. ¿Qué quieres decir?

—Ya sabes. —Jasper parecía sorprendido por la pregunta—. Lo que se te da bien. Tu talento. Las cosas en las que eres el mejor. Bull tiene un talento para crear y para discernir.

Chris y Quinn asentían con la cabeza.

Jasper continuó.

—Pero no se le da bien presionar, por lo que estamos jodidos.

—No te rindas todavía —le reprendió Amy en broma—. Podemos pensar en algo.

PRESIONAR

Quería hacer que la situación pareciera un poco más esperanzadora.

—Así que me pongo de mala leche cuando tengo que volver a centrar a la gente todo el tiempo. Eso no es un problema insuperable.

—¿Pero no es ese tu trabajo como director general? —insistió Quinn.

—Oye, eso es lo que *yo* he dicho —presumió Jasper.

—Bueno, el trabajo de Bull es asegurarse de que nuestros objetivos sean claros y de que estemos motivados para conseguirlos. Pero la cosa es que a los demás no nos gusta exhortar, así que dejamos que él lo haga —aclaró Lynne.

Chris pareció sorprenderse de repente. Se volvió hacia mí y me preguntó:

—¿Y realmente te molesta tener que hacer eso, Bull?

—Oh, sí. Me deja agotado —respondí mientras asentía lentamente y con seriedad.

Lo estaban asimilando todo, así que continué.

—Como le decía a Amy, salgo hacia el trabajo entusiasmado por tener ideas creativas, y me gusta usar mi juicio para evaluar las ideas de los demás. Y luego entro por la puerta y siento que tengo que presionar a todo el mundo para que se mantengan centrados. No me he dado cuenta hasta hace unas horas, pero ha estado destruyendo mi pasión por el trabajo. Y no solo ahora. Así ha sido durante años. Ahora entiendo por qué sentía la tristeza dominical tantas veces al principio de mi carrera.

En ese momento, tuve que explicarle a Lynne lo que era la tristeza de los domingos.

Y fue entonces cuando Chris se echó a reír. Nos volvimos hacia él, con más que un poco de curiosidad. Con una mezcla de pasión y solo un poco de frustración, declaró:

—¡Joder, a mí me *gusta* hacer eso! —Hizo una pausa y volvió a mirar la pizarra—. Es mi parte favorita del trabajo y me gustaría que me dejaras hacerlo más veces.

Todo el mundo se quedó en silencio, esperando que dijera algo más.

—Cuéntame más sobre eso —le pedí.

—Bueno, siempre siento que tengo que quedarme en mi línea y centrarme en las cosas administrativas y financieras. No quiero meterme en los asuntos de nadie en cuanto al trabajo con clientes y los horarios, y por eso me muerdo la lengua.

—¿En serio? —respondió Lynne.

—¿En serio qué? —replicó Chris—. ¿Que si me gusta exhortar a la gente o que si siento que no debo salir de mi área?

Lynne sonrió, un poco insegura de cómo responder.

—¿Sientes que no te queremos en nuestra parte del negocio?

Chris dudó un momento y luego asintió.

—Eso es.

—¿Y te gustaría participar más? —continuó Lynne.

Chris asintió con la cabeza.

—La verdad es que sí.

—¡Bueno, aleluya! —exclamé—. Acabo de conseguir un jefe de exhortación.

DETALLES

Chris no podía dejar de sonreír, pero parecía un poco indeciso de repente.

—Eh, espera un momento. ¿En qué me he metido aquí?

—¡En todo! —anuncié.

Incluso Jasper se rio.

—Vas a participar en prácticamente todas las cosas que hagamos, pero sobre todo en lo que respecta a mantener a la gente centrada en la tarea y asegurarse de que no estamos perdiendo el ritmo —continué.

—¿Cuánto tiempo va a requerir? —quiso saber.

—Todo lo que haga falta —le aseguré—. Pero no tanto como crees. Y ahí está la cosa. —Hice una pausa para que surtiera efecto—. Va a ser tan divertido que ni siquiera te preocuparás por eso.

Ahora Amy estaba confundida.

—No tengo claro qué significa eso.

—Yo tampoco —respondí con alegría—. Pero no pasa nada. Chris solo va a tener permiso... —dudé—. No, él va a tener la *responsabilidad* de asegurarse de que estamos trabajando y de que estamos progresando.

Amy frunció el ceño y dirigió su siguiente pregunta hacia mí.

—¿Y tú no vas a hacer nada de eso?

—Tendré que hacer *algo* de eso. Quiero decir, tengo que ser el jefe de exhortación de Chris. Y si él no ve suficiente energía o movimiento, tengo que estar dispuesto a intervenir y ayudarle. Pero recordad, a él le *gusta* influir sobre la gente, exhortar, motivar, mantener las cosas en movimiento, y ahora puede hacerlo mucho más.

Algo hizo clic, y Chris sonrió de repente.

—¿Cuándo puedo empezar?

Había una sensación de alivio palpable en la sala.

Jasper se levantó y puso las manos en alto.

—¡No estamos completamente jodidos! —Todos se rieron de nuevo.

—Ahora mismo —dije, mirando a Chris—, te declaro el nuevo jefe de exhortación.

—¿Podría ser el jefe de influencia en su lugar? De lo contrario, parece que es algo malo.

—De todos modos, influir suena mejor —confirmó Lynne.

—Pues nos quedamos con influir —estuve de acuerdo, y decidimos tomar un descanso.

PEDIDO

Cuando regresamos, Chris estaba de pie junto a la pizarra. Había borrado todo y había vuelto a dibujar los círculos de forma más nítida.

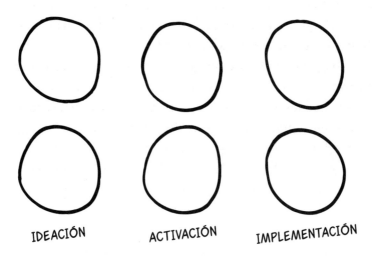

IDEACIÓN   ACTIVACIÓN   IMPLEMENTACIÓN

—Ves, a eso me refería —declaré cuando vi la pizarra—. Me encanta que cojas el rotulador y te pongas al mando.

—Bueno —respondió Chris—, si no consigo que se muevan, estaremos aquí hasta la cena.

Y en ese momento, Jasper entró en la habitación con dos bolsas llenas de comida mexicana.

Chris se estremeció.

—Genial, ahora sí que no vamos a ser productivos.

No estaba de acuerdo.

—No. Yo traeré la comida de todos. Tú sigue motiván-donos.

Dos minutos más tarde, todos estaban sentados en la mesa y Chris hacía de moderador. Estaba dando sentido a la comida para ellos.

—Entonces, ¿cuántas de estas habilidades diferentes tiene una persona? —preguntó Amy, mirándome mientras desenvolvía burritos y tortillas.

Me encogí de hombros.

—Bueno, todavía estamos averiguando de qué va todo esto, así que es difícil de decir. —Yo miraba fijamente la pizarra, tratando de pensar en una idea.

—Si se trata de las cosas que te gusta hacer, y que te dan energía, no puedo imaginar tener más de un par. Si se trata de ser bueno en algo, aunque no te guste hacerlo, tendría que decir entonces que varía. Hay gente que puede sacar provecho de casi todo —intervino Quinn.

—¿Por qué no terminamos el modelo antes de intentar averiguar eso? —protestó Jasper—. Porque, según esto, yo no creo que tenga ningún talento.

Estuve de acuerdo.

—Recordad, nos estamos metiendo en camisa de once varas, amigos. Ni siquiera...

—¿Qué clase de analogía es esa? ¿Qué diablos tiene que ver una camisa con una vara? —interrumpió Jasper.

Le lancé una bola de papel de aluminio.

—Ya sabes lo que quiero decir.

—Así que, a Amy se le da bien pensar y cuestionarse las cosas. —Chris tomó el relevo.

—Esa no es mi única habilidad —intervino ella.

—Ya —dijo Chris—, pero es al menos una de las tuyas. Y Bull es bueno en la creación y el discernimiento.

—El discernimiento también es uno de mis talentos —declaró Lynne—. Mi marido dice que tengo un gran instinto y una gran intuición.

Reconocimos la valoración de su marido con asentimientos y comentarios inmediatos.

Chris escribió los nombres de las personas junto a los círculos en la pizarra y anunció:

—Y parece ser que soy el único al que le gusta influir y presionar a la gente.

—¿Qué es lo siguiente? —preguntó Amy.

—¿Por qué tiene que haber otros? —preguntó Quinn.

—Porque el trabajo no termina con la motivación —expliqué—. Y el pobre Jasper aún no tiene ningún talento.

—Entonces, ¿qué pasa después de que alguien se encarga de motivar a los otros? —Amy planteó la pregunta.

Tras una breve pausa, Lynne respondió.

—Eso es la implementación. Alguien tiene que responder a lo que el motivador está intentando conseguir que hagan.

—¿Como voluntario? —pregunté.

Quinn se estremeció.

—Eso suena tan... —buscó una palabra— débil. Quiero decir, el voluntariado no es una genialidad, ¿verdad?

Ahora habló Chris.

—Creo que sí. En realidad, no se trata de un voluntariado, sino de ser la primera persona que deja lo que está haciendo y pone en marcha algo nuevo. Algunos de los mejores empleados que he dirigido eran tan buenos que acudían al rescate cuando se producía una emergencia. O incluso sin una emergencia, cuando alguien necesitaba ayuda con un proyecto o programa importante, esas mismas personas siempre daban un paso adelante y hacían posible el trabajo.

—Yo soy uno de esos —anunció Jasper con rotundidad—. Ese soy yo.

Casi a la vez, Quinn, Lynne y Amy dijeron «absolutamente», «completamente» y «ese es Jasper en pocas palabras».

—A pesar de lo pesado que eres, Jasper, siempre estás dispuesto a ayudar y a hacer lo que se necesita sin montar un espectáculo —contesté.

—No necesito mucho —anunció con orgullo.

Y una vez más, surgió un coro de «absolutamente», «sin duda» y otras frases. La gente señalaba a Quinn.

—Tú también eres una de esas personas —dijo alguien.

Todos estuvimos de acuerdo, y Quinn parecía avergonzada y orgullosa a la vez.

—¿Pero cómo llamamos a este? —preguntó Amy—. ¿El talento del voluntariado? ¿O del apoyo?

—Eso hace que parezca mi madre —se quejó Quinn—. No es que no quiera a mi madre. Pero ser una buena ayudante o un apoyo no suena muy importante o especial.

Chris se puso casi a la defensiva.

—No estoy para nada de acuerdo.

Todo el mundo se quedó en silencio de repente, y Chris fue el centro de atención.

—Odio admitirlo, pero soy absolutamente terrible en esto. Si no tuviera gente en mi vida, en el trabajo y en casa, que me ayudara o apoyara, no podría hacer nada. Estas personas son salvavidas —explicó el director financiero y recién nombrado jefe de motivación.

—Tal vez deberíamos llamarme salvavidas —dijo Jasper, sarcásticamente—. Me gusta.

Volví a intervenir.

—Creo que Jasper y Quinn y la gente como ellos son los que propician éxito al resto. Ese es su talento. —Me volví hacia Amy—. ¿Recuerdas a Rhonda en la Agencia Broadmoor?

Amy asintió con entusiasmo.

—Todos querían a Rhonda en su equipo porque se aseguraba de que tuvieran éxito.

—Y el asunto nunca era sobre ella —añadí—. Ella facilitaba que todos y todo lo que la rodeaba funcionara.

—¿Era una asistente administrativa? —preguntó Jasper.

—No, era una gestora de cuentas como Amy y como yo. Y, aunque no era la mejor a la hora de plantear nuevas estrategias o ideas, le habría pagado más que a nadie porque era el arma secreta de nuestros equipos.

—Pero esa palabra, *facilitadora*, suena como algo malo que se hace para un alcohólico o un drogadicto —volvió a protestar Quinn.

Algunas personas estuvieron de acuerdo.

—¿Pero a quién le importa? —anunció Chris con seguridad—. En realidad, es realmente de lo que se trata. No se trata de apoyar, ayudar o de ser amable. Se trata de hacer que las cosas se pongan en marcha. Me gustaría ser un facilitador.

—¿De verdad? —preguntó Quinn.

—Sí —insistió apasionadamente—. Y mi mujer también.

No pretendía hacer una broma, pero nos reímos. Y continuó.

—No me resulta fácil dar a la gente lo que necesita en sus condiciones. Es un gran problema para mí cuando se trata de participar en la iglesia o en las escuelas de mis hijos. Soy un terrible ayudante, lo que me hace sentir como un absoluto idiota.

De repente, Quinn sonrió.

—Oh, Dios mío. Soy una facilitadora de manual. Soy la mejor voluntaria, miembro del comité...

—Y jugadora de equipo —interrumpí.

—Señoras y señores, tenemos un ganador. —Chris se volvió hacia la pizarra y escribió el nombre de Quinn y el de Jasper junto a un círculo con el título de Facilitación.

—¡Y Jasper por fin tiene un talento! —anunció Lynne.

—¡Después de todo no soy un perdedor! —celebró.

—¿Esto nos lleva al final de nuestro pequeño modelo? —preguntó Chris.

Todos hicieron una pausa, mirando a la pizarra y a los demás.

Después de unos largos siete segundos, algo me hizo clic.

—Creo que lo tengo.

—Oigámoslo —dijo alguien. Creo que fue Lynne.

—Los facilitadores no son finalizadores —declaré, con cierta polémica.

—¿Qué quieres decir? —quiso saber Jasper. Parecía ligeramente molesto. O tal vez ofendido.

—El hecho de que seas un apoyo —expliqué con cuidado— no significa que te guste completar las cosas, que lleguen a la línea de meta.

—Eso suena a influencia —dijo Quinn.

Aclaré.

—No. Influencia es inspirar y estimular a otros, ya sea la organización o los compañeros, para que se unan en torno a algo y sigan avanzando. Esto es diferente. —Dudé mientras buscaba la forma correcta de explicar lo que estaba pensando—. A algunas personas no les gusta presionar a la gente, pero viven para terminar proyectos y verlos terminados. De hecho, pierden su energía si no se les permite ver las cosas terminadas, incluso ante los obstáculos. Están hechos para terminar las cosas y mantener un alto nivel de exigencia.

Jasper se sentó en su silla.

—Creo que te equivocas. Me encanta terminar las cosas. —De nuevo, había una sutil pero inconfundible sensación de actitud defensiva en su tono.

La habitación se quedó en silencio de repente. Hasta que Quinn habló.

—Odio terminar las cosas. —Si la habitación no hubiera estado tan silenciosa, quizá no lo hubiéramos oído. Pero dada la incomodidad del momento, bien podría haberlo gritado.

—¿Qué quieres decir? —preguntó Jasper, casi molesto.

—Me encanta ayudar a la gente, ayudarles a tener éxito. Ese es definitivamente mi talento. —Hizo una pausa—. Pero pierdo mi energía cuando se trata del último diez por ciento de un proyecto. Mientras la gente no esté angustiada, paso a otra cosa. Diablos, la mitad de las veces ni siquiera sé si en lo que estaba trabajando ha terminado viendo la luz.

Jasper la miró seriamente.

—Tú, querida, eres un bicho raro.

Era claramente uno de los secos intentos de Jasper de hacer humor, y como siempre, funcionó. Nos reímos.

—¿Pero no quieres llegar hasta el final? —Jasper continuó.

Quinn sonrió tímidamente y negó lentamente con la cabeza.

—Sé que soy una facilitadora, y aunque no lo dije antes, creo que también se me da bien discernir, solo que me guardo mis opiniones para mí. Pero no soy nada tenaz a la hora de tomar el control.

Jasper se limitó a sacudir la cabeza en señal de disgusto ante Quinn, que le lanzó un nacho.

Chris dirigió su siguiente pronunciamiento a Jasper.

—Así que tienes el talento de facilitar y la tenacidad para terminar las cosas. —Escribió el nombre de Jasper junto al círculo.

—Es algo más que terminar —dijo Lynne—. Como ha dicho Quinn, se trata de tomar el control cuando las cosas se ponen feas. Es presionar (el trabajo, no las personas) hasta alcanzar el objetivo. Tiene que haber una palabra mejor.

—Es la tenacidad —declaró Quinn—. Jasper es tenaz y le encanta finalizar las cosas. A Chris también.

Chris asintió con la cabeza.

—No quería decir nada, pero creo que también es uno de mis talentos. Mi antiguo jefe solía decir que era tenaz. Mi mujer también lo dice, aunque no siempre me alaba por ello.

—Sí, definitivamente eres tenaz, Chris —fue Lynne quien lo dijo—. No dejas de hacer las cosas hasta que están bien. Es una de las cosas que me gustan de ti.

Hizo una pausa, y Chris sonrió y asintió para agradecer el cumplido.

Hasta que continuó.

—Y una de las cosas que me vuelve loca. Tú y esos estúpidos informes de gastos.

Todos se rieron, incluido Chris.

ESTUDIO DE LA SITUACIÓN

Chris dejó el bolígrafo y se acercó a la mesa para tomar un bocado de su burrito.

—Creo que Chris se ha ganado un descanso de cinco minutos para ir a comer —anunció Amy.

Y fue entonces cuando oímos que llamaban a la puerta.

Antes de que nadie pudiera decir «adelante», se abrió la puerta y entró Anna con un gran recipiente de plástico que todos sabíamos que estaba lleno de galletas de avena con trocitos de chocolate.

La sala estalló en calurosos saludos, sobre todo porque querían a Anna. Pero la idea de sus galletas no disminuyó su entusiasmo. Mi mujer era famosa por ellas y se negaba a hacerlas de cualquier otro tipo. La última vez que le sugerí que hiciera una tanda de galletas solo de avena, me miró como si estuviera loco.

—Pensé en venir a daros un poco de azúcar —declaró, trayendo el recipiente a la mesa. Después de unos cuantos abrazos, saludos y cumplidos con el equipo, hizo la pregunta del millón.

—¿Qué estáis haciendo? —Ella estaba mirando la pizarra.

Todos se miraron como si dijeran: «díselo tú», y luego empezaron a reírse.

—¿Por dónde quieres que empecemos? —Amy habló primero.

Anna levantó la mano.

—Oh, no quiero interrumpir ni retrasaros. Solo tenía curiosidad.

—No es que nos retrase. Es que es difícil de explicar. Y nosotros mismos lo estamos descubriendo —interrumpió Jasper.

Anna asintió y siguió mirando la pizarra.

—Pero —continuó Jasper— creemos que hemos descubierto por qué tu marido está tan de mala leche.

Anna se volvió bruscamente hacia Jasper y el resto del equipo y se sentó a la mesa.

—Bueno, soy todo oídos entonces. Estaré encantada de interrumpir.

—Esto no es justo —protesté en broma.

—Tienes razón —se burló Anna de mí—. No es justo que no haya estado aquí durante toda la conversación.

Todos estaban de acuerdo con ella.

—De acuerdo —anuncié—. Hagamos que alguien además de mí le dé a Anna una visión general de todo esto. Se lo merece. Después de todo, nos ha traído galletas.

La verdad es que Anna estudió psicología y teología en la universidad, y esto le venía como anillo al dedo. Confiaba en que disfrutaría del resto de nuestra conversación y añadiría algo que se nos había escapado.

—¿Quién se va a ofrecer para presentar esto? Necesito comer —preguntó Chris.

Jasper levantó la mano.

—Como se me da bien facilitar, supongo que lo haré yo.

Lynne se levantó.

—Yo te ayudo.

Y fueron juntos a la pizarra.

RE-PRESENTACIÓN

—Antes de empezar —preguntó Anna—, ¿puedo hacerte una pregunta?

—Puedes hacer dos preguntas si quieres —respondió Jasper con su habitual humor.

—¿El propósito de esta reunión es solo averiguar por qué Bull ha estado tan difícil últimamente? ¿Tan insufrible ha sido?

Jasper frunció el ceño de forma triste.

—Ha sido horrible, Anna. Simplemente horrible. —Todos se rieron.

—Bull ha estado bien, Anna. Pero él y yo estábamos intentando averiguar por qué se estresa tan rápido, y de ahí viene todo esto. Pero es mucho más que eso —explicó Amy.

Anna parecía aliviada.

Jasper no había terminado.

—Pero probablemente deberías saberlo, Anna. —Hizo una pausa—. La mayor parte de esto es sobre ti.

Durante un nanosegundo, Anna pareció preocupada.

—Deja de hacer eso, Jasper, no seas malo —le gritó Quinn a su colega mientras trataba infructuosamente de contener una sonrisa. Se volvió hacia Anna—. No tiene nada que ver contigo.

Anna le lanzó una galleta a Jasper, la cogió y se la metió en la boca.

Lynne tomó el relevo.

—Básicamente, lo que hemos descubierto aquí es que hay seis tipos diferentes de trabajo que alguien tiene que hacer para que consigamos hacer algo. —Señaló los seis círculos de la pizarra—. Y nadie es bueno en todos ellos, lo que significa que la mayoría de la gente es bastante mala en algunas de esas cosas.

Anna intentaba entender lo que decía.

—¿Y por qué exactamente Bull se pone tan de mala leche?

—Oye —protesté de nuevo—. No estoy de mala leche. —Me lo pensé—. Solo estoy irritable.

Anna se rio.

—Lo siento, cariño.

—Bueno, esto tendrá sentido dentro de unos minutos. Básicamente, se ha pasado mucho tiempo haciendo algo que no le gusta, pero que ninguno de nosotros tampoco quería hacer —continuó Lynne.

—Vale, tendré paciencia. Continúa.

Jasper aún no se había terminado la galleta, pero se unió con la boca llena.

—El primer tipo de trabajo se llama *pensar*, que consiste en cuestionar, reflexionar y contemplar las cosas. Y hacer preguntas.

—¿Qué tipo de preguntas? —preguntó Anna.

Jasper tragó saliva.

—Cosas como: «¿Hay una forma mejor?», «¿Hay algo que no funciona aquí?» o «¿Estamos aprovechando todo nuestro potencial?».

—Soy yo —anunció Anna.

—También es una de mis genialidades —intervino Amy.

—¿Genialidades? —se preguntó Anna en voz alta.

—Sí —expliqué—. Se le ocurrió a Jasper. Todos tenemos diferentes áreas en las que somos buenos.

—Uy, esto me gusta —declaró Anna—. Continúa. Trataré de no interrumpir.

Me encantaba ver a Anna interactuar con mis colegas. Así que me acerqué a ella, me arrodillé frente a ella y le dije lo mucho que significaba para mí. Luego la besé.

Bueno, no lo hice. Pero sí que pensé en lo contento que estaba de que fuera mi esposa.

—La persona con la genialidad de *pensamiento* hace la pregunta o identifica el gran problema, lo que nos lleva al segundo talento en el trabajo: *creatividad* —continuó Jasper.

—Esto suena a uno de los talentos de Bull —declaró Anna.

—Bingo. —Jasper asintió—. Inventar algo novedoso o nuevo. Una idea, un producto o una empresa. La gente con *creatividad* puede hacer esto todo el día.

Anna me miró.

—Eso es tan propio de ti.

Asentí con la cabeza.

—Es una de mis cosas favoritas, incluso cuando no es necesario. —Anna se rio.

—Eso es lo que lo convierte en una genialidad, supongo.

—Efectivamente —declaró Jasper—. Nos da energía. No podemos evitarlo.

—Vale, seguid —nos instó Anna con entusiasmo.

Lynne retomó la conversación.

—El siguiente, después de creatividad, es lo que hemos decidido llamar *discernimiento*. Es el talento de tener grandes instintos, intuición y juicio. Estas personas tienen una gran intuición sobre qué ideas o planes son buenos, cuáles necesitan más trabajo y cuáles probablemente no sean tan buenos.

—¿Significa eso que son expertos? —preguntó Anna.

—No, eso es diferente. Se trata de personas que simplemente tienen buen criterio, incluso en torno a cosas de las que no saben mucho. No piensan necesariamente de forma lineal ni utilizan datos específicos. Solo ven patrones o... —intervine.

Pero Anna me interrumpió.

—Lo tengo. —Miró alrededor de la habitación y se fijó en Lynne—. Tú tienes el talento de discernimiento, ¿no?

Los ojos de Lynne se abrieron de par en par.

—Vaya, eres buena.

—Desgraciadamente, Anna no tiene discernimiento —dijo Jasper con toda naturalidad.

—¿Qué te hace decir eso? —le pregunté, un poco a la defensiva.

—Bueno, se casó contigo —continuó Jasper—. Pero tú sí lo tienes, Bull, porque te casaste con ella.

Anna le lanzó a Jasper otra galleta, y él la atrapó con la boca.

—Vale, ¿qué es lo siguiente? —preguntó.

—Ahora descubriremos por qué tu marido ha sido como un grano en el culo —consiguió decir Jasper con la boca llena de galleta de nuevo.

RAPIDÍSIMO

Anna miró su reloj.

—¿Puedes hacerlo en diez minutos? Tengo que recoger a Matthew para una cita con el médico.

—Allá vamos. La siguiente genialidad se llama *influencia*, y trata de reunir a las tropas, de entusiasmar a la gente, de exhortarla y motivarla a seguir adelante —comenzó Jasper.

Anna me miró como si intentara leer mi mente.

—Eres bueno en eso —dijo vacilante—. ¿No es así?

Asentí con la cabeza.

—Si te refieres a «¿Puedo hacerlo?», la respuesta es sí. Si te refieres a «¿Me gusta hacerlo todo el tiempo?», la respuesta es no.

—Pero siempre eres el que acosa a la gente para que se prepare para ir a misa, para que haga las tareas o para que termine los deberes.

Asentí con la cabeza.

—Y estoy muy cansado de tener que hacerlo. Nunca me ha gustado, pero me he acostumbrado a tener que hacerlo a lo largo de los años. La verdad es que me siento como si tuviera que ser un cabrón todo el tiempo, tratando de que la gente se mueva.

Los ojos de Anna se abrieron como si acabara de ver algo impactante.

—Oh. Dios mío. —Todos estaban confundidos por su repentino cambio de actitud.

—¿Qué? —le pregunté.

Ella explicó su epifanía.

—Por eso odias las vacaciones con los Derby. Y los domingos por la mañana. Y los *scouts*.

Me alegré mucho de que pareciera entenderlo.

—¿Quiénes son los Derby? —quiso saber Chris.

—Son viejos amigos de la familia que viajan con nosotros cada año, más o menos. Hemos recorrido todo el país con ellos. Gente maravillosa —le contesté.

—Pero a ninguno de ellos le gusta reunir a la gente para hacer algo. Y como a mí tampoco, Bull siempre tiene que decir: «Vamos de excursión o a ver las ballenas o a jugar al golf», y se lleva la bronca de todos porque nadie quiere hacer las mismas cosas —explicó Anna.

—Y eso es solo la mitad —añadí—. Antes de que nos vayamos de vacaciones, Anna y Pam, la señora Derby, siempre tienen alguna idea descabellada, y yo tengo que disuadirlas.

Anna parecía confundida y miraba la pizarra.

—¿Qué tiene que ver eso con todo esto?

—Se trata de evaluar. Suelo ser yo el que dice: «Espera un momento. Eso no funcionaría».

Anna no se lo creía, así que seguí adelante.

—¿Recuerdas cuando dijiste que deberíamos ir de excursión al Gran Cañón?

Anna sonrió en una concesión avergonzada y asintió con la cabeza.

—Sí, claro.

—¿Qué tiene de malo ir de excursión al Gran Cañón? —se preguntó Jasper en voz alta.

—Nuestros hijos tenían cinco y tres años en ese momento —expliqué—. Los Derby tenían un niño de nueve meses...

Anna se rio.

—Pam y yo pensamos que podíamos traer niñeras. Gracias a Dios que nos convenciste de no hacerlo.

—Pero es la constante motivación lo que lo vuelve loco. Y por eso se pone de mal humor. —Chris retomó el hilo.

Anna me miraba ahora.

—¿Eso explica lo que pasó en AFS y Broadmoor?

Asentí con la cabeza.

—Absolutamente. Cuando me ascendieron, dejé de hacer lo que me gustaba y tuve que influir sobre la gente todo el tiempo. Me sentía culpable. Me molestaba, lo que me hacía sentir aún más culpable. Y al final, perdía los nervios.

—Y eso es lo que ha ocurrido aquí —explicó Amy.

De repente, Anna parecía triste por mí y a la vez preocupada.

—Entonces, ¿qué vas a hacer?

Chris levantó la mano.

—Voy a empezar a motivaros mucho más para que Bull pueda centrar la mayor parte de su tiempo en la creación y el discernimiento.

Anna me miró con el ceño fruncido.

—Pero igualmente vas a tener que hacer algo de eso, supongo. Quiero decir, todo el mundo tiene que hacer cosas que no le gustan a veces.

—Sí, ya lo hemos establecido —acepté—. Y realmente no me importa hacerlo de vez en cuando. Me supone un problema cuando voy constantemente en esa dirección y tengo cada vez menos tiempo y energía para hacer lo que realmente se me da bien.

—Esto es muy interesante —declaró Anna—. Entonces, ¿qué viene después?

Quinn tomó el relevo.

—Bueno, cuando alguien motiva, otro tiene que responder a la llamada. —Miró la pizarra—. Lo llamamos la genialidad de *facilitar*.

—Jasper tiene ese talento —explicó Lynne, y luego se burló—, pero te hace lidiar con todo su humor cruel, así que es un poco una de cal y otra de arena.

A Anna le gustaba Jasper.

—No es tan cruel.

—Sí, lo soy —aclaró Jasper—. Pero haré cualquier cosa que la gente necesite que haga.

Me volví hacia Anna.

—Este tiene que ser uno de tus talentos.

—¿Tú crees? —Estaba realmente insegura.

—¿En serio me lo preguntas? Cada vez que vas a la escuela o a la iglesia vuelves a casa con un nuevo proyecto.

Ella asintió.

—Tienes razón. No puedo evitarlo. Me gusta ayudar a la gente que lo necesita.

—Y también se te da genial saber lo que la gente necesita en casa. Es tu talento.

Ella cedió.

—Solo desearía saber cómo motivar a los demás para que me ayuden más. Normalmente acabo teniendo que hacer demasiado yo misma en el último momento.

—Yo también —exclamó Quinn—. Siempre me quejo de que nadie me ayuda. Pero tengo que admitir que no me gusta pedir ayuda.

Anna me miró y se rio.

—Eso es lo que Bull siempre dice de mí.

—Vale, tienes cinco minutos antes de que tengas que irte, y todavía nos falta un talento —intervino Chris.

—Bien, déjame a mí.

Jasper se dirigió a la pizarra.

—La última genialidad, que viene después de ayudar, es lo que llamamos *tenacidad*. Son personas a las que les encanta terminar las cosas. Obtienen energía, alegría y satisfacción al hacer que las cosas se lleven a cabo, incluso si tienen que superar obstáculos para hacerlo.

—Eso suena como un motivador —se preguntó Anna.

—Es diferente —explicó Jasper—. La finalización se refiere a la tarea en sí, mientras que la motivación consiste en reunir a la gente. Este talento consiste en ser tenaz hasta que el trabajo esté hecho, a tiempo y conforme a las normas.

Anna me miró y se rio.

—Definitivamente no soy yo.

—Yo tampoco —añadí.

Se rio.

—Por eso a ninguno de los dos nos gusta lavar la ropa, contabilizar las facturas o cortar el césped. —Hizo una pausa—. Menos mal que tenemos cuatro hijos que hacen las tareas.

—¿Cuál de vosotros hace las cuentas? —preguntó Chris.

Anna sonrió.

—Quería saber si querrías aceptar un pequeño trabajo a tiempo parcial en nuestra casa, Chris.

Se rio.

—Si me pagas con galletas, lo consideraré.

Anna comprobó su reloj y me miró de nuevo.

—Entonces, que me aclare yo, ¿cuáles son mis genialidades? —Después volvió a mirar la pizarra—. ¿Cuántas puede tener una persona?

—No lo sé —respondí—. Todo esto es nuevo. Pero creo que tengo dos.

—Yo también —opinó Jasper.

Los demás estudiaron la pizarra y estuvieron de acuerdo.

—Ojalá no tuviera que irme. Esto es muy divertido —dijo Anna—. Echo de menos tener conversaciones de adultos.

Como siempre, todos le aseguraron que era bienvenida a volver pronto.

Cuando Anna se estaba yendo, se detuvo y se dio la vuelta. Mirando de nuevo la pizarra, anunció: «Creo que deberíais convertir esos círculos en engranajes, de los que tienen dientes entrelazados». Entrelazó los dedos para mostrarnos lo que quería decir. «Los talentos encajan entre sí y se necesitan unos a otros, y creo que así se tendría una mejor visualización».

Cuando salió por la puerta, todos coincidieron en que su idea tenía mucho sentido.

—Deberíamos contratar a esa mujer —declaró Lynne.

—¿Estás de broma? —protesté—. Mi vida se desmoronaría. Y además, creo que no le gusto.

Jasper estuvo de acuerdo, y con eso, nos tomamos otro descanso.

CONTEXTO

Cuando regresamos, Amy hizo la primera pregunta.

—Entonces, ¿qué significa todo esto?

—¿Podrías ser un poco más específica? —dijo Jasper.

—Quiero decir, ¿qué vamos a hacer con esto? —explicó ella.

Yo hablé primero.

—Primero, vamos a aclarar lo que Chris va a hacer en cuanto a la motivación. Vamos a cambiar su trabajo a una especie de jefe de operaciones, creo.

Chris escribió algo en su cuaderno.

—En segundo lugar —proseguí—, vamos a averiguar cómo podría ser necesario cambiar cada uno de nuestros trabajos en función de nuestros talentos.

Quinn levantó la mano, pero no esperó a que le dijera nada.

—Ya he descifrado un área. Tengo que involucrarme en la planificación de los clientes un poco antes porque puedo evaluar nuestros planes y hacer cambios mejor que Jasper.

Jasper asintió y consiguió contenerse para no hacer una broma.

Quinn continuó.

—Y necesito que Jasper compruebe el trabajo de mi equipo cuando estamos en modo de ejecución, porque es demasiado fácil para mí conformarme cuando nos topamos con obstáculos.

De nuevo, Jasper aceptó, lo que hizo que Chris tomara más notas.

—No sabes lo agradable que es para mí —anuncié— saber que Chris está captando todo esto y que le recordará a todo el mundo lo que tiene que hacer. Sinceramente, me siento liberado.

—Oye, ¿por qué no intentamos confirmar las genialidades que tiene cada uno? —intervino ahora Amy.

El consentimiento fue unánime, así que Chris reescribió rápidamente el modelo utilizando seis engranajes en la pizarra y puso el nombre de cada talento en ellos.

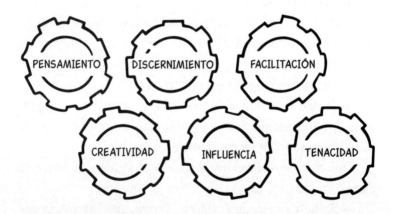

Le di algunas instrucciones.

—Recuerda que se trata de lo que te gusta hacer. Trata de adivinar lo que te da energía y alegría, aunque no estés seguro.

Durante los diez minutos siguientes, más o menos, todos miraron la pizarra y escribieron sus respuestas. Chris planteó la pregunta.

—Bien, empecemos con Bull.

—Estoy bastante seguro de que los míos son creatividad y discernimiento.

Las cabezas de la sala asintieron, y Chris escribió mi nombre junto a esos engranajes. Nos pusimos de acuerdo, y entonces señaló a Amy.

—Los míos son pensamiento y discernimiento, creo.

Todos consideraron su respuesta durante unos segundos.

—Creo que lo has clavado —anunció Jasper—. Siempre haces preguntas y tienes un gran criterio.

Parecía complacida, hasta que él volvió a hablar.

—Desde luego lo que no tienes es tenacidad. —Todos se rieron.

—Realmente eres cruel, ¿eh? —se burló Amy.

—Bueno, ya he dicho que sí.

Chris señaló a Jasper.

—Bien, chico malo. ¿Cuáles son los tuyos?

—Influencia y tenacidad, ¿no?

Amy se burló de él.

—Desde luego discernimiento sí que no.

Jasper se rio, pero continuó.

—Sabes, odio admitirlo, pero es cierto. No siempre confío en mi instinto. Me gustan los datos. La mitad de las veces no entiendo de qué cavidad del cuerpo saca Bull sus instintos. Pero suele tener razón, así que confío en él.

Chris escribió los nombres en la pizarra y se dirigió a Lynne.

—Creo que necesito ayuda con esto. —Hizo una pausa—. Puedo descartar la creatividad y la influencia. Esas son mis pesadillas. —Miró los engranajes de la pizarra como si la respuesta pudiera aparecer allí—. Y creo que en tenacidad y facilitación no estoy mal.

—Vale. Así que son discernimiento y pensamiento —intervino Quinn.

—Recuerda —añadí—, se trata de lo que te da alegría y energía. Y no sé si lo disfrutas, pero tienes un criterio fantástico.

El ceño de Lynne desapareció.

—Sí, es cierto. Me resulta muy fácil evaluar tus ideas, Bull. No sé de dónde las sacas, pero una vez que salen a la luz, disfruto mucho dándote opiniones y averiguando cuál funcionará mejor.

—Veo totalmente el discernimiento en ti. No paras hasta que sabemos que hemos terminado. Pero lo del pensamiento me ha sorprendido un poco —respondió Amy primero.

Lynne se rio.

—Si pudierais verme en casa, os quedaríais sorprendidos. Dave dice que me pierdo mirando por la ventana. Tengo la cabeza en las nubes durante horas. Supongo que aquí no lo hago.

—Espera un segundo —interrumpí—. ¿A quién se le ocurrió originalmente la idea de adoptar una organización benéfica la pasada Navidad?

—Bueno, fuiste tú quien encontró ese refugio en el centro —respondió Lynne primero.

Sacudí la cabeza.

—¿Pero quién fue el que dijo que debíamos centrarnos en una sola organización benéfica para poder marcar una verdadera diferencia? —No esperé a que respondiera—. Fuiste tú. Y tú fuiste la que seguía diciendo que algo no encajaba con nuestra imprenta de confianza.

Chris asintió.

—Sí, me volvías loco preguntándome una y otra vez por qué no habíamos encontrado una imprenta mejor.

«¿Realmente son lo mejor a lo que podemos aspirar?».
¿Cuántas veces me preguntaste eso?

Lynne levantó la mano con los cinco dedos extendidos.

—Por lo menos cinco. —Sonrió.

Chris se rio.

—Tú y Amy siempre hacéis que nos paremos a pensar en las cosas antes de tomar decisiones.

—Pero te volvemos loco —argumentó Amy.

—No —repliqué—, volvéis loco a Jasper porque solo quiere seguir adelante y hacer las cosas.

Todos estuvieron de acuerdo.

Chris levantó la mano, sonriendo.

—A mí también me vuelven loco.

Lynne se rio y le preguntó:

—¿Cuáles son tus talentos, Chris?

—Bueno, creo que ya hemos establecido que la influencia y la tenacidad.

—Absolutamente —coincidió Lynne—. Ese eres tú en dos palabras.

—¿Y qué pasa con Quinn? —preguntó Amy.

—Definitivamente, uno de ellos es influir —dijo Jasper.

Y yo aporté mi granito de arena.

—También tiene buen criterio.

—Acudo a Quinn siempre que necesito una segunda opinión sobre si un proyecto va a funcionar —añadió Amy.

—Me encanta cuando la gente me pide mi opinión —admitió Quinn—. Sobre cualquier cosa, en realidad.

Jasper se rio a carcajadas y miró a Quinn.

—Te doblo la edad y tengo mucha más experiencia en publicidad que tú, y sin embargo te pregunto qué piensas de todo. Antes de enviar algo a un cliente, te lo enseño. Antes de decidirme por un socio mediático, te pregunto a ti. Joder, incluso te pregunto qué regalarle a mi mujer por su cumpleaños.

—Eso es *discernimiento* —confirmé—. Y todos estamos de acuerdo en que Quinn tiene ese talento.

Chris escribió el nombre de Quinn en la pizarra, y el cuadro del equipo estaba completo. Unas cuantas cosas saltaron a la vista de inmediato.

FRUTA FÁCIL DE RECOLECTAR

Yo me lancé primero.

—Bueno, esto ciertamente explica las cosas.

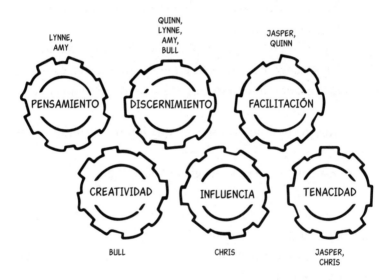

—Tenemos varias personas a las que se les da bien el pensamiento, el discernimiento, la facilitación y la tenacidad, y solo a una le gusta la creatividad y a otra la influencia —seguí hablando.

—¿Qué significa eso? —preguntó Lynne en voz alta a nadie en particular.

—Significa que necesitamos que Chris haga la mayor parte de la motivación para que Bull pueda centrarse en la invención —respondió Quinn antes de que yo pudiera hacerlo.

Amy asentía con la cabeza, pero también fruncía el ceño.

—¿Qué pasa? —le pregunté.

—Bueno, creo que Quinn tiene toda la razón, pero tengo la sensación de que nos falta algo.

—Cuéntame más —la incité.

—No lo sé. Es que... —Hizo una pausa—. No lo sé.

Nos sentamos y dejamos que Amy ordenara las cosas en su cerebro.

—Son las otras cuatro cosas —anunció finalmente.

—Sigue —la animé.

—Me resulta difícil de explicar —dijo Amy, dudando—. Es decir, si tengo dos cosas que me encanta hacer, esos son mis talentos. Eso lo entiendo. Pero ¿cómo llamo a las otras cosas?

Nadie respondió. Todos nos quedamos mirando la pizarra.

—Esto es lo que más me gusta hacer —dije.

—¿El qué? —Amy quería saber.

—Tratar de descubrir cosas nuevas como esta. Solo sé que la respuesta está a punto de surgir.

—Y eso es lo que no entiendo. Cómo lo haces y por qué te gusta —respondió Jasper.

Y entonces me di cuenta.

—Bien, Jasper. Sígueme el juego. Creo que tengo una idea. Dime cuánto odias la creatividad.

—Solo estaba bromeando. —Parecía ligeramente arrepentido.

—No, hablo en serio. ¿Cuánto odias crear? ¿O, bueno, cualquiera de las otras habilidades que no son tu talento?

Jasper tuvo que pensar en ello.

—Bueno —dijo, mirando a la pizarra—, a veces cuestiono las cosas. Ya sabes, soy conocido por reflexionar y contemplar de vez en cuando, normalmente con una cerveza en la mano.

Nos reímos.

Y continuó.

—Y aunque no se me da genial discernir, y necesito que Quinn me diga qué regalar a mi mujer por su cumpleaños, tengo cierta intuición sobre lo que puede necesitar un cliente. Así que no odio eso. —Hizo una pausa—. Pero puedo decir que odio con todas mis fuerzas tener que motivar e influir sobre la gente para hacerles hacer cosas que no quieren hacer. Prefiero hacerlo yo mismo.

—¿Qué pasa con la creatividad? —quería saber Amy.

—Bueno, se me revuelve el estómago cuando alguien me pide que idee algo nuevo sin ninguna pauta o estructura. Realmente, lo odio.

Me volví hacia Amy.

—¿Y tú?

—¿Que si odio inventar?

—No, dime cómo te sientes con las cuatro cosas que no son tu talento.

—Ah, vale —dijo ella—. Veamos. No soy una creadora, pero podría hacerlo en un apuro si tuviera que hacerlo. Pero no sería capaz de hacerlo como Bull. —Hizo una pausa mientras estudiaba la pizarra—. Y no me importa cuando tengo que ayudar a otros de vez en cuando. De nuevo, no es lo que más me gusta, pero no es algo que me dé pavor. —Tomó aire—. Dije antes que realmente odio motivar a la gente. Me drena la energía. Y por mucho que odie admitirlo, Jasper tenía razón sobre mi tenacidad. No me da energía terminar las cosas. Después de la etapa inicial de un proyecto, pierdo el interés y quiero pasar al siguiente.

Chris hizo una mueca.

—No quiero insultarte, ni a otras personas que no tienen tenacidad, Amy. —Dudó—. Pero eso suena a pereza.

—¡Pum! —Jasper gritó—. Chris acaba de llamar a Amy perezosa.

Todos nos reímos. Excepto Chris.

—No es eso lo que estaba diciendo —protestó disculpándose—. Decía que podría sonar...

Amy le interrumpió.

—Sé lo que querías decir. No me lo he tomado así. —Lo pensó un poco más—. Pero no creo que sea vaga.

—Hasta yo sé que no eres vaga —anunció Jasper—, por mucho que me gustaría decir que lo eres.

Algo me vino a la cabeza.

—Sabéis, siempre me he sentido culpable por no gustarme terminar las cosas. Y, sí, a veces me siento perezoso por ello. Pero creo que es una de las cosas que más me drenan la energía.

—Y definitivamente no eres perezoso —afirmó Lynne—. Pero ¿deberías salirte con la tuya y no terminar las cosas solo porque no te gusta hacerlo?

Todos parecían buscar mi respuesta.

—De ninguna manera —declaré de acuerdo—. Todo el mundo tiene que hacer cosas que no le gustan. Pero si ponemos a alguien en un trabajo que requiere que haga mucho de lo que odia hacer, no estamos siendo inteligentes.

—¿Qué pasa con las cosas que no odian, pero que no les encanta hacer? —quiso saber.

—Creo que eso es diferente. De hecho, probablemente deberíamos distinguir entre las otras cuatro actividades. Si lo que nos encanta y se nos da bien por naturaleza son nuestros talentos, ¿cómo llamaríamos a las cosas que odiamos?

—Miserias —ofreció Amy.

Chris lo escribió en la pizarra y todos lo consideramos.

Fruncí el ceño.

—Me gusta más la palabra *frustración* que *miseria*. No sé por qué.

Todos nos sentamos mirando la pizarra, esperando que surgiera una respuesta.

Amy rompió el silencio.

—Sí, se trata realmente de la frustración. Es agotador más que miserable. Es frustrante.

—No hay que darle muchas más vueltas. Frustración está bien —intervino Jasper.

Chris borró *miserias* y escribió *frustraciones*.

—¿Y qué hay de la categoría del medio? —seguí preguntando—. No es tu talento, pero tampoco algo que te frustre.

—Competencia —sugirió Quinn—. Puedes hacerlo bastante bien durante un tiempo, aunque no te guste.

A todo el mundo parecía gustarle esa idea.

—Y ahí está —declaré—. Seis categorías de talento. Cada uno de nosotros tendrá un par de talentos, un par de competencias y un par de frustraciones.

Todos nos quedamos sentados mirando la pizarra como si estuviéramos buscando otra cosa, o quizás algo malo. Nadie dijo una palabra durante casi un minuto entero.

Chris rompió el silencio.

—Creo que deberíamos probar con esto durante unas semanas y ver qué aprendemos.

Estuvimos de acuerdo y, sin más, salimos de la habitación con una extraña mezcla de cansancio y expectación. Estaba tan emocionado que no podía contenerme.

IMPLEMENTACIÓN

Cuando volví a casa esa noche, Anna ya había empezado a poner en práctica sus ideas. Había llevado la pizarra blanca de mi pequeño despacho a la sala de estar y había dibujado en ella los seis engranajes.

Antes de saludarme, fue directa al grano.

—Así que, si mis talentos son pensamiento y facilitación, y los tuyos creatividad y discernimiento, entonces estamos bastante jodidos.

Me reí.

—Vaya. Empiezas a sonar como Jasper.

—Lo siento. —Ella sonrió ligeramente, se acercó y me besó—. En serio, estoy muy emocionada y más que un poco preocupada.

Dejé la mochila —de la que mis hijos se burlan porque la llevo al hombro en lugar de a la espalda— y me acerqué a la pizarra. La examiné por un momento.

Me di cuenta de que no le había explicado nuestras ideas sobre las competencias y las frustraciones, así que pasé los siguientes diez minutos haciéndolo. La mente de Anna empezó a acelerarse.

—Veamos —dije—. Ninguno de los dos tiene la influencia o la tenacidad como talentos, pero la influencia es una de mis competencias. El problema es que para ambos la tenacidad es una de nuestras frustraciones.

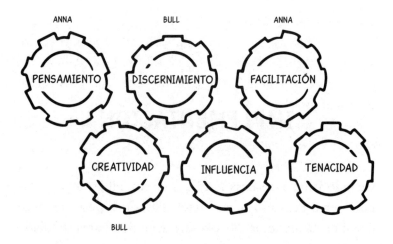

—Efectivamente. A ninguno de los dos nos gusta terminar las cosas ni pelearnos con los detalles —declaró Anna.

—¡Uf! —dije—. Eso explica muchas cosas.

—Pues sí, «¡uf!». Los retrasos en las facturas. Los niños llegando tarde al colegio. El presupuesto que se nos va de las manos por no controlar nuestros gastos...

De repente me di cuenta de algo.

—Oh, mierda. Esto es malo.

—¿Qué?

—Me acabo de dar cuenta de que la mayoría de las cuestiones relacionadas con la tenacidad en casa recaen sobre ti. Aquí estoy yo quejándome de tener que influir, pero al menos esa es una de mis competencias. Odias los detalles, los plazos y la ejecución tanto como yo, pero gran parte de lo que tienes que hacer cada día tiene que ver con eso. —Me sentí muy mal por ella, y por no haberme dado cuenta de esto años antes.

Estudió la pizarra.

—Bueno, tengo la influencia, porque siempre me ha gustado esa parte. Realmente no me importa ser voluntaria en la iglesia y llevar a los niños de un lado a otro y ayudar con los *scouts*. —Lo pensó un poco más—. Mientras esté ayudando a la gente, me siento realmente feliz. Pero cuando tengo que seguir con detalle un montón de trabajo, pierdo el interés.

—¿Es por eso por lo que no te importa hacer una fiesta o cocinar para veinte personas en Navidad...?

Anna me interrumpió.

—Pero odio cocinar todas las noches, y limpiarlo después es mi pesadilla. —Se rio—. ¿Recuerdas aquel día de Acción de Gracias en el que dejamos los platos en el fregadero durante dos días?

—Eso fue culpa mía —reconocí—. ¿Y recuerdas lo devastado que estaba tu padre cuando vino y vio la cocina?

—Pensé que me iba a desheredar. Definitivamente él tiene tenacidad.

—¿Y el garaje? —Me di cuenta de repente—. Cada vez que entra ahí mueve la cabeza como si fuéramos una desgracia.

—Entonces, ¿qué vamos a hacer? —preguntó Anna.

—Lo mantendremos fuera del garaje cuando nos visite —respondí con naturalidad.

—No me refiero a eso, cabeza de chorlito. ¿Qué vamos a hacer con nuestra falta de tenacidad? No va a ser nada fácil.

—Bueno... —Lo pensé por un segundo—. Primero, ya no vamos a sentirnos como personas terribles y perezosas; simplemente no es nuestro talento.

—Eso ayuda —reconoció—. ¿Pero qué pasa con el trabajo en sí?

—Quizá deberíamos encontrar la forma de subcontratar más.

—¿Como contratar un mayordomo? —Se rio.

—Podemos coger el robot ese de los *Supersónicos* *(Jetsons)*. ¿Cómo se llamaba?

—Rosie —recordó Anna—. Sí, necesitamos a Rosie el Robot.

—O tal vez encontremos la manera de pagar a alguien para que venga a hacer algunas cosas de la casa y algo de papeleo, un par de veces a la semana.

—¿Papeleo? —se preguntó Anna en voz alta—. No sé yo...

—Podríamos encontrar a un estudiante universitario, incluso a alguien que conozcamos, al que no le importara pagar algunas facturas y hacer recados, o hacer la colada —sugerí—. Eso sería un buen trato para alguien que quisiera ganar algo de dinero extra.

—¿Cuándo puede empezar esta persona? —bromeó Anna—. ¿Y pueden llamarme todas las mañanas y recordarme lo que está en mi agenda?

Y entonces me di cuenta de algo.

—Oh, mierda.

—¿Qué?

—Mi agenda. Acabo de recordar que tengo una reunión en la iglesia esta noche.

—¿Qué tipo de reunión? —preguntó ella.

—El comité de planificación del Festival Internacional para el que me ofreciste —expliqué, poniendo los ojos en blanco.

Puso cara de pena.

—Lo siento. Me cuesta mucho decir que no, y tú dijiste que te gustaría involucrarte más.

—Ves, eso es ayudar. No te gusta decir que no. A mí no me cuesta tanto decirlo.

—¿Crees que puedes librarte?

—No. Dije que tengo que participar más. Tengo que poner de mi parte, en términos de horas de servicio. Voy a ir.

—¿A qué hora empieza?

Consulté mi reloj.

—Hace cinco minutos.

—No pasa nada —me tranquilizó Anna—. Allí nunca empieza nada a tiempo, salvo la misa.

Así que me fui.

COMITÉ

Fiel a la promesa de Anna, cuando llegué doce minutos después, no era el único que entraba en la sala de conferencias de la parroquia de San Mateo.

Éramos siete personas, incluyéndonos a mí y al padre John, el pastor, que era solo unos años mayor que yo.

—Bueno, vamos a empezar —anunció el pastor—. Me gustaría sacaros de aquí a una hora decente.

Todo el mundo se sentó y el padre John nos dirigió en la oración.

Entonces un tipo mayor, al que no conocía, pero que reconocí de misa, se dirigió al frente de la sala y comenzó.

—Gracias a todos por venir esta noche. Soy Finn Collins, y he estado dirigiendo el Festival Internacional durante los últimos siete años, desde que Bob y Peggy Carlson se retiraron. Como sabréis, hemos tenido cada vez menos gente que asiste al festival en los últimos dos años, y de hecho perdimos dinero en el evento el año pasado. Así que espero que podamos recuperarnos este otoño e incluso obtener algún beneficio.

—Disculpa, Finn, pero la esperanza no es una estrategia —interrumpí.

En realidad no dije eso, por muy insulso que pueda parecer. En las reuniones parroquiales, aprendí por las malas que la gente suele ofenderse por el lenguaje directo y las observaciones contundentes. Además, eso habría sido detestable. Así que no dije nada.

Finn continuó.

—Bien, vamos a dividir las responsabilidades para que podamos empezar a avanzar. Tenemos tres meses exactos hasta el día del festival, y si he aprendido algo en los últimos siete años es que vamos a necesitar todo ese tiempo para prepararnos.

Finn empezó a repartir papeles de algún tipo que supuse que tenían que ver con los diferentes papeles que íbamos a desempeñar. Y entonces oí una suave voz detrás de mí que hacía una pregunta maravillosa.

—¿Podemos hablar del objetivo del Festival Internacional?

Junto con otros tres chicos de mi fila, me giré para ver a una mujer bajita sentada en el fondo de la sala. Por alguna razón, no me había fijado en ella, ni en el niño que dormía en sus brazos, cuando llegué.

Finn parecía confundido.

—Bueno… —Miró al padre John—. El Festival Internacional es una de las actividades parroquiales que tenemos cada año.

Pensé que iba a seguir explicando, y creo que los demás también, porque todos estábamos esperando en silencio, pero el hombre se detuvo allí mismo.

La mujer con el niño pequeño lo intentó de nuevo.

—Sí, lo sé. Pero ¿por qué lo hacemos todos los años? —No esperó respuesta—. ¿Merece la pena toda la planificación y preparación? ¿Podría ser diferente, o mejor?

La sala estaba en silencio. Finn miró al padre John, que miraba a otra persona de la primera fila. Por muy justo y relativamente inocuo que fuera su comentario, había una palpable sensación de tensión en la sala. Parecía como si el bueno de Finn se hubiera tirado un pedo.

Y fue entonces cuando decidí que debía lanzarme, de verdad esta vez.

—Creo que es una pregunta pertinente. Siempre es una buena idea revisar las cosas de vez en cuando para asegurarse de que sigue siendo relevante.

Por un momento, Finn me lanzó una mirada que me hizo pensar que iba a saltar por encima de la primera fila de sillas plegables y estrangularme. Afortunadamente, no lo hizo. Pero estoy bastante seguro de que podría haberme enfrentado a él si lo hubiera hecho. Finn no estaba en la mejor forma.

Una mujer sentada junto al padre John intervino a continuación.

—Creo que es una pérdida de tiempo cuestionar el propósito de algo que hemos estado haciendo durante veinticinco años.

Y fue entonces cuando recordé el modelo de *Working Genius*. La señora bajita con el niño pequeño no estaba causando problemas; simplemente estaba haciendo preguntas. Y me correspondía a mí salvarla, aunque tuviera que enfrentarme a la señora de la iglesia para hacerlo.

—Esperad un segundo, por favor. —Volví a mirar a la mujer que llevaba al niño detrás de mí—. Creo que la pregunta que haces es buena e importante. Y no creo que debamos tomarla como una crítica en absoluto.

La habitación estaba de repente más silenciosa que antes, si es que eso era posible.

Continué.

—Antes de hacer cualquier actividad en la parroquia, aparte de los sacramentos, por supuesto, deberíamos preguntarnos siempre si esa actividad merece la pena y consigue sus objetivos. Supongo que no dejamos de hacer cosas muy a menudo por miedo a que alguien se moleste.

Al principio, nadie habló. Entonces el padre John gritó:

—¡¿Estás bromeando?! Llevo años sintiéndome así. Acabar con un programa, un clero o una actividad es algo que siento que no me está permitido hacer, y así acabamos teniendo mil cosas diferentes, y ninguna de ellas tiene los recursos y el tiempo necesarios para hacerlas realmente buenas.

Casi esperaba que la señora de la iglesia y Finn se enfadaran, pero ocurrió algo sorprendente. Parecían aliviados.

Finn intervino ahora.

—No me malinterpretéis. Estaría bien si nos alejáramos de todo esto y lo reevaluáramos todo. —Sonrió—. Solo pensé que era sagrado, y que todos tendrían una vaca.

Nos reímos del juego de palabras, junto con Finn, que no estoy seguro de que tuviera la intención de ser divertido.

Y continuó.

—Cuando dirigía Tahoe Builders hacíamos revisiones semestrales de nuestro trabajo con el objetivo de acabar con cualquier proyecto que nos impidiera hacer otros más importantes.

¿Había oído eso correctamente? ¿El bueno de Finn Collins, el voluntario de la iglesia de aspecto adormecido, dirigía la mayor empresa de construcción de la zona de Reno-Tahoe? Ya me vale. Lo había subestimado.

La señora de la iglesia intervino.

—Bueno, cuando yo era la jefa de American Airlines, hicimos lo mismo. —Te lo juro. Eso es lo que realmente dijo.

Por supuesto, se estaba burlando de Finn, y todo el mundo, incluido yo, acabó riéndose a carcajadas. Resultó que tenía más sentido del humor de lo que había pensado. Decidí que tenía que dejar de juzgar a la gente.

Ahora, lleno de una combinación de culpa y falta de autocontrol, levanté la mano y hablé.

—Mi nombre es Bull Brooks, y me gustaría sugerir...

La mujer de baja estatura me interrumpió.

—Oh, eres el marido de Anna —declaró emocionada.

La señora de la iglesia, que se presentó como Betty, exclamó:

—Me encanta tu mujer. Es la mejor voluntaria que tenemos.

Mi culpa fue reemplazada por el orgullo hacia mi mujer, y continué.

—Se lo transmitiré a Anna. Gracias. —Hice una pausa—. Entonces, me gustaría ofrecerme como voluntario para facilitar un rápido debate sobre esto, si os parece bien. Lo hice en mi agencia de publicidad, así que creo que puedo ayudar.

—Eso sería genial —declaró Finn con seriedad, y utilizó sus manos para invitarme a la parte delantera de la sala donde, afortunadamente, había una pizarra.

TALENTOS DE LA IGLESIA

De repente, estaba un poco nervioso. No quería defraudar a mi famosa y amada esposa pareciendo un tonto delante de esta gente.

Para ganar tiempo, cogí un rotulador y me dirigí a la pizarra.

—Bien, antes de hablar del propósito del festival, dejadme mostraros algo que hemos descubierto en el trabajo. —Dibujé los seis círculos, decidiendo que no tenía tiempo para hacerlos parecer engranajes—. Cuando se trata de trabajar, ya sea dirigiendo una escuela, recaudando dinero para el nuevo centro familiar u organizando un festival, hay seis pasos diferentes en el proceso.

Escribí *cuestionar* en el primer círculo.

—Lo que estabas haciendo hace unos minutos. —Señalé a la mujer con el niño pequeño.

—Soy Terri —me dijo, sonriendo.

—Hola, Terri. Esto es lo que estabas haciendo cuando preguntaste a ver por qué teníamos el festival.

Me dirigí a los demás.

—Se preguntaba, reflexionaba, contemplaba, se hacía la gran pregunta. Y ese es el primer paso en cualquier proyecto, la etapa de pensamiento.

El padre John se rio.

—Eso es lo que hizo la señora Lorenzo para motivarnos a construir el centro familiar. Vino a verme y me dijo: «Tiene que haber una forma mejor de ayudar a las madres con hijos que vienen a la parroquia a hacer voluntariado, a hacer estudios bíblicos o a confesarse». Siempre recordaré ese día, y a la señora Lorenzo.

—Supongo que Terri también lo hace en otros ámbitos de su vida —dije, básicamente pidiéndole a Terri que confirmara o negara mi suposición.

Se rio como si yo hubiera dicho algo perspicaz.

—Lo hago todo el tiempo. Vuelve loco a mi marido.

Continué.

—Así que, pensamiento es probablemente uno de tus talentos.

—¿Talentos? —preguntó Finn.

—Un talento es algo que te ha dado Dios, un don natural que te da energía y alegría y que normalmente se te da bastante bien.

El padre John sonrió y asintió.

—Vale, entendido. Sí, la señora Lorenzo tiene un talento para las preguntas.

—Entonces, ¿qué pasó después de que ella hiciera esa pregunta? —pregunté.

—Bueno —respondió el sacerdote—, lo pensé durante un tiempo, supongo.

—¿Pero cómo surgió el centro familiar? —insistí.

—Bueno... —El sacerdote frunció el ceño mientras trataba de recordar—. Creo que a Jack Martínez se le ocurrió la idea de construir una estructura que tuviera aulas, baños, guardería y un centro multimedia, todo en uno.

—Ese es el segundo paso del trabajo —le expliqué mientras lo escribía en el círculo—. La *creatividad*. Alguien tiene que aportar una solución, una idea nueva, una propuesta. Algunas personas tienen ese talento.

La gente estaba empezando a tomar notas, lo que me pareció muy bien. Así que seguí explicando el discernimiento, la influencia, la facilitación y la tenacidad. Tardé diez minutos, ¡y cada uno de ellos pareció entenderlo! No me lo podía creer.

Ahora que tenía los seis círculos en la pizarra, regresé al festival.

—Empecemos por cuestionar. ¿Cuál es el objetivo del festival? ¿Cómo podría ser mejor?

El padre John fue el primero.

—Me gustaría que estuviera más relacionado con nuestra fe. Y con la ayuda a los demás. No te ofendas, Finn.

—No se preocupe, padre. Estoy bastante seguro de que no tengo nada de eso de cuestionar o inventar. Soy un tipo de finalizar, así que si me dices qué quieres, lo haré realidad.

El padre John parecía aliviado.

—Entonces, ¿cómo podemos hacerlo más lleno de fe, más caritativo y más apasionado?

Levanté la mano, lo cual era incómodo dado que estaba de pie en la parte delantera de la sala.

—Tengo una idea.

—¿La creatividad es tu talento? —preguntó Betty amablemente.

—Efectivamente, lo es —admití, tan humildemente como pude—. No puedo evitar pensar en nuevas ideas, incluso cuando no debería.

Se rio.

—Bueno, ahora necesitamos que inventes algo.

Sonreí.

—Esto es lo que estoy pensando. ¿Qué tal si hacemos que cada uno de los grupos de las diferentes nacionalidades organice su comida y otras cosas culturales en torno a un santo de su país?

El padre John se sentó en su silla y sonrió.

—Me gusta esto.

Y continué.

—¿Y si, en lugar de que los adultos organicen el festival para nuestros hijos, hacemos que nuestros alumnos participen en la organización del festival, pero para las familias de las escuelas más pobres del valle? Servirles la comida, hacer los juegos y la pintura de caras, y todo eso. —Hice una pausa y se me ocurrió algo—. Todo el mundo siempre dice que quiere que sus hijos hagan viajes misioneros, pero no quieren viajar a países extranjeros. Bueno, hay mucha gente necesitada a poca distancia en coche y podemos hacer de esto un programa de divulgación.

—Bueno —declaró Finn—, ya estamos perdiendo dinero, así que no tenemos que preocuparnos por eso.

Todos se rieron.

Uno de los otros hombres de la sala anunció:

—Oye, si hacemos de esto un programa de divulgación, puedo conseguir donaciones para cubrir los gastos. No me gusta pedir a la gente que haga donaciones para un carnaval, pero si es una forma de servir a los más necesitados, conozco muchos negocios que ayudarán. Estoy seguro de que podríamos llegar a cubrir pérdidas, lo que sería mejor que el año pasado.

—¡Esto suena maravilloso! —declaró Betty.

Durante los siguientes treinta minutos hicimos una lluvia de ideas. La gente incluso rechazó algunas ideas, incluida aquella en la que sugerí que el padre John se pusiera contra la pared para que le tiraran una tarta a la cara. No, yo no sugerí eso, pero cuando llegué a casa, convencí a

Anna de que lo había hecho solo para ver la expresión de su cara.

Al final de la noche, teníamos las líneas generales de un plan. El padre John anunció que él y Betty eran motivadores, y con la tenacidad de Finn, yo estaba bastante seguro de que el Festival Internacional iba a tener un nuevo impulso y de que yo era un tipo maravilloso por hacerlo realidad.

De nuevo, es una broma.

REALIDAD

Esta es la parte de la historia en la que vuelvo al trabajo al día siguiente con grandes expectativas de alivio y entusiasmo sobre mi trabajo y sobre los papeles que todos los demás desempeñarían. Es la parte en la que me decepciono porque volvemos a nuestras viejas costumbres y nos olvidamos de lo que hablamos el día anterior y nada cambia realmente. Ya sabes, tres pasos adelante, dos y medio atrás.

Pero no fue así. Es decir, no llegamos todos dando saltos de alegría a la oficina como los siete enanitos, menos Gruñón, por supuesto. Pero todos, y quiero decir todos, seguían hablando de sus talentos. Y de sus frustraciones.

Y todos se habían ido a casa y lo habían comentado con sus parejas o amigos, y tenían historias divertidas y significativas que contar. Algo estaba pasando.

Y lo mejor de todo fue Chris. Llegó al trabajo antes que nadie, anunció al equipo ejecutivo que nos reuniríamos en cuanto todos llegaran y nos hizo pasar a la sala de conferencias.

Me miró.

—Vale, Bull, decidí que me iba a tomar en serio lo que dijiste ayer. Así que voy a hacer un intento de influencia.

Nadie dijo nada al principio, y me di cuenta de que Chris estaba un poco nervioso por nuestra falta de respuesta.

Así que, siendo el listillo que soy, le dije:

—¿No crees que deberías haber acudido a mí en privado para hablar de esto primero?

Aunque solo fue un segundo y medio, la mirada de Chris me hizo arrepentirme de mi hazaña. Le expliqué inmediatamente:

—Estoy bromeando. Estoy bromeando. Solo era una broma.

Jasper pensó que era divertidísimo. Nadie más lo hizo, al menos no hasta que Chris se dio cuenta de que no había absolutamente ninguna seriedad en lo que estaba diciendo.

Nota para mí: *Elige los chistes con más cuidado.* Usa tu criterio.

Continué.

—De hecho, si vas a motivarnos, esto es exactamente lo que quiero que hagas. Presiona. Asume riesgos. Haz que nos sintamos un poco incómodos.

Durante la siguiente hora, revisamos nuestros clientes actuales, hablamos sobre nuestras mejores oportunidades de nuevos clientes y establecimos las prioridades para el resto del mes. Fue fantástico. Yo seguía siendo el director general, pero no tenía que hacer todas las preguntas ni presionar a la gente para que se aclarara.

Chris parecía más comprometido de lo que nunca le había visto.

En el transcurso de nuestra conversación, cambiamos parte del trabajo de Quinn para que se centrara más en ayudarme a gestionar el desarrollo personal de la gente. Su combinación de facilitar y discernir hacía que ese fuera un papel perfecto para ella, independientemente de lo que pensáramos que era su trabajo treinta y seis horas antes.

Tras la reunión, pasé las siguientes cuatro horas centrado exclusivamente en las ideas. Amy y yo hablamos de posibles clientes a los que dirigirnos. Lynne y yo hicimos una lluvia de ideas sobre anuncios digitales y mensajes para presentar al centro turístico. Y Jasper me pidió que revisara el trabajo que él y su equipo habían realizado para uno de nuestros clientes más antiguos.

Fueron las mejores cuatro horas que había pasado en el trabajo en meses. Y según Amy, Lynne y Jasper y su equipo, también fue muy productivo para ellos.

A última hora de la tarde, trabajé con Chris, Quinn y Amy para crear una estructura que nos permitiera organizar, dotar de personal y evaluar el éxito de nuestros proyectos. Debo aclarar que no era la primera vez que pensaba en todo esto. No era un cretino. Lo que pasa es que tener a mi alrededor personas que eran mejores que yo en esta parte de mi trabajo, y que lo disfrutaban, lo hacía mucho más efectivo.

No fue hasta que volví a casa esa noche que me di cuenta de lo mucho que había cambiado en un día. Fue Anna quien lo notó primero.

LA CHARLA

Estaba en la cocina ayudando a uno de nuestros hijos a hacer quesadillas. Los ventiladores soplaban y las ventanas estaban abiertas para evitar que saltaran las alarmas de humo; evidentemente, la primera tanda se había quemado.

Incluso en medio de lo que podría haber sido una catástrofe, mi esposa parecía emocionada de verme.

—¿Por qué no me has contado lo que pasó anoche en la iglesia? —preguntó mientras agitaba un paño de cocina para dispersar el humo ligero.

—Estabas dormida y no quería despertarte —me defendí.

—Entonces, ¿qué pasó? —Tenía una sonrisa en la cara.

—Parece que ya lo sabes. ¿Qué has oído?

Dejando el paño de cocina, explicó:

—Bueno, Betty dijo que les ayudaste a rediseñar el festival, o algo así. Y dijo que eras divertido.

—Bueno, ese es mi objetivo. Ser divertido.

—Ya sabes a lo que me refiero. Ella dijo que fuiste muy útil. ¿Qué hiciste?

Me senté en la mesa de la cocina, bajo la capa de humo, y le expliqué cómo había utilizado los seis tipos de talento para ayudarles a resolver la conversación que estaban manteniendo. Le conté cómo había subestimado a algunos de los asistentes a la reunión. Y cómo me habían levantado en hombros y me habían sacado de la sala al final de la reunión.

Me dio con el paño.

Y entonces hizo la gran pregunta.

—Bueno, ¿cómo fue el trabajo?

Respiré hondo, me lo pensé unos instantes y respondí despreocupadamente:

—Creo que ha sido el mejor día que he tenido en años.

—Guau. —Sus ojos se abrieron de par en par—. Vaya cambio. Cuéntame más.

Le conté lo de Chris y la reunión de la mañana. Y sobre darle a Quinn nuevas responsabilidades.

—¿Qué piensan de todo esto? —preguntó.

—No estoy seguro, pero sinceramente creo que están encantados. —Y entonces le conté lo de la tarde.

Diversión. Diversión. Diversión.

—Y no he disfrutado tanto de un día de trabajo en años.

Anna estaba realmente sorprendida.

—¿Y realmente crees que es por lo que hiciste ayer?

—Sí. Pero solo ha sido un día.

VIRAL

Al día siguiente, Quinn vino a mi despacho —que era más una sala de conferencias que una oficina— con una idea.

—¿Está bien si llevo a los *chavales* a lo del talento de hoy?

Los *chavales* eran los jóvenes que trabajaban en la agencia. A ellos se les ocurrió el nombre, por si te lo preguntas. Entre ellos estaban Shane, Makena, Max, Kristen y Kirstin.

La chavala más trabajadora era Kristen. Su único defecto era que la gente la confundía a menudo con Kirstin debido a sus nombres. Probablemente debería haber despedido a Kirstin para evitar esa confusión, pero no lo hice. Así de amable soy. En realidad, los chavales eran buena gente, aunque sus niveles de rendimiento variaban.

—Con una condición —le dije a Quinn—. Que me dejes hacerlo contigo.

Afortunadamente, se alegró de tenerme a bordo. Pero también tenía una condición para mí.

—Tienes que saber que todavía tenemos problemas con Max. He hablado con él sobre las cuestiones de detalle y el seguimiento mil veces. También parece realmente comprometido a mejorar. Pero luego vuelve a ocurrir. No sé si lo va a conseguir.

Mi corazón se hundió un poco. Me gustaban mucho los chavales y apoyaba a Max. Era genuinamente humilde, entusiasta de nuestro negocio y parecía trabajar duro.

—Si no está dando la talla, quizá este no sea el lugar adecuado para él —dije—. Pero es una pena porque parecía encajar muy bien cuando lo contratamos.

Quinn asintió con la cabeza, de forma ligeramente abatida.

—Lo sé. Yo pensaba lo mismo. Pero los errores que está cometiendo me están volviendo loca.

Le aseguré a Quinn que confiaba en su criterio y le dije que la vería más tarde en la sesión.

Pedimos que nos trajeran pizza y decidimos invitar a Jasper para que nos acompañara como alivio cómico. No teníamos ni idea de lo importante y seria que sería su participación.

RESCATE

Quinn y yo nos turnamos para explicar las seis categorías a los jóvenes, y ambos nos sentimos aliviados de que parecieran tan genuinamente interesados en los conceptos como capaces de comprenderlos rápidamente.

A todos les costó un tiempo decidir los talentos que les correspondían, pero finalmente el panorama se aclaró.

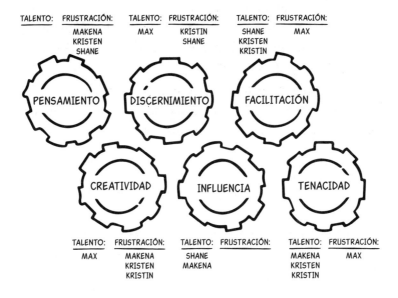

TALENTO:	FRUSTRACIÓN:	TALENTO:	FRUSTRACIÓN:	TALENTO:	FRUSTRACIÓN:
MAKENA KRISTEN SHANE	MAX	KRISTIN SHANE		SHANE KRISTEN KRISTIN	MAX
PENSAMIENTO		DISCERNIMIENTO		FACILITACIÓN	
CREATIVIDAD		INFLUENCIA		TENACIDAD	
TALENTO:	FRUSTRACIÓN:	TALENTO:	FRUSTRACIÓN:	TALENTO:	FRUSTRACIÓN:
MAX	MAKENA KRISTEN KRISTIN	SHANE MAKENA		MAKENA KRISTEN KRISTIN	MAX

Los talentos de Shane eran influencia y facilitación, los de Makena eran influencia y tenacidad, los de Max eran creatividad y discernimiento y, como no podía ser de otra manera, Kristen y Kirstin tenían como talentos facilitación y tenacidad. Francamente, mi cabeza iba a mil por hora tratando de mantener todo claro, hasta que Jasper fue a la pizarra y lo escribió de una nueva manera.

No solo puso el nombre de todos en verde junto a las categorías de talento, sino que los escribió en rojo según sus frustraciones.

Antes de que pudiéramos pensar en lo que podría significar, los chavales se lanzaron a por ello.

—Tres de nosotros tenemos tenacidad —anunció Shane—. Todas las mujeres.

—Sí, estamos cansadas de encargarnos de vosotros —se burló Makena.

Todos se rieron.

Jasper interrumpió.

—Espera un segundo. —Llamó su atención—. Y tú tienes tenacidad como una de tus competencias, tus áreas medias. —Dirigió el comentario a Shane.

—¿Por qué importa eso? —preguntó Shane.

—Bueno, solo hay una persona que tiene su nombre en rojo junto a *tenacidad*. —Jasper hizo una pausa—. Y ese es Max.

La habitación estaba de repente más silenciosa de lo que debería. Miré a Max y me di cuenta de que estaba incómodo.

Antes de que Quinn o yo pudiéramos decir nada, Jasper prosiguió, y de la forma más directa pero elegante que hubiera podido imaginar.

—Max, has tenido problemas con los detalles de algunas de tus cosas, ¿verdad?

Si había alguna duda sobre la incomodidad de Max, ahora se había disipado.

—Eh, sí, puede ser.

—¿Y cómo te hace sentir eso? —preguntó Jasper.

Max dudó.

—Eh, bastante mal, diría yo. Quiero decir, cuando...

—¿Te sorprende eso? Quiero decir, ¿crees que a Bull le iría mejor que a ti si tuviera que hacer lo que tú haces? —le interrumpió Jasper.

Max me miró. Sonreí y me encogí de hombros, intentando que se sintiera bien con la pregunta.

—Bueno, no lo sé —admitió Max.

Ahora entré en la conversación y dirigí mi comentario a Jasper.

—¿Te acuerdas de nuestro primer año en la agencia? ¿Cuántas veces me salvaste el culo porque me dejé algo importante en una presentación?

—Eras lo peor —estuvo de acuerdo Jasper—. Al igual que Max.

Max realmente se rio, lo que fue un alivio para todos en la habitación.

—Entonces, ¿cuál era tu problema? —me preguntó Jasper.

Sonreí.

—Se me daban fatal algunas partes del trabajo, pero a ti también, si no recuerdo mal.

—La verdad es que sí. —Jasper no estaba siendo en absoluto sarcástico—. Si tuviera que proponer nuevas ideas o dar un *feedback* a un cliente en medio de una presentación, me cagaría en los pantalones.

Todos se rieron.

—No, hablo en serio —les corrigió Jasper—. Se me daban fatal esas cosas. —Y luego se corrigió—. Pero nunca llegué a cagarme en los pantalones.

Cuando la sala dejó de reírse, continuó.

—Así que, tal y como yo lo veo, la agencia podría haber hecho una de estas dos cosas. Podrían haberse deshecho de ambos porque ninguno de los dos era bueno en todos los aspectos de nuestro trabajo. —Hizo una pausa para que surtiera efecto—. O podrían habernos mantenido trabajando juntos para que nos complementáramos. Por suerte, eligieron lo segundo porque, de lo contrario, no estaríamos aquí hoy.

Ahora Quinn se lanzó al ruedo.

—Max, ¿con quién has estado trabajando en la mayoría de tus proyectos últimamente?

Miró alrededor de la habitación.

—Shane y Amy —respondió finalmente.

Me puse de pie como un abogado a punto de exponer un argumento ante el jurado.

—Y ninguno de ellos tiene la tenacidad como talento, ¿verdad?

Quinn asintió.

—Así que estás bastante jodido, ¿no? —pregunté retóricamente a Max.

—Definitivamente estás jodido —anunció Jasper.

Todos se rieron.

—Pero que nadie en el equipo tenga la tenacidad necesaria no significa que esté bien cometer errores por descuido —ofreció Quinn. Las palabras suenan duras, lo sé, pero lo dijo muy bien.

—No es una excusa —dije—, pero es una explicación importante. Y es justo decir que cuando reunimos ese equipo, probablemente podíamos haber previsto lo que iba a pasar.

Quinn parecía un poco confundida.

—Quiero decir —añadí—, si hubiéramos conocido sus perfiles de *Working Genius*.

Fue ahí cuando Max hizo la pregunta más importante, una que requería agallas.

—Entonces, ¿qué se supone que debo hacer? Nunca voy a ser tan bueno en los detalles como Makena, Kirstin y Kristen, y probablemente ni siquiera tan bueno como Shane. Tal vez no esté hecho para esto.

Hubo un momento de silencio por el aturdimiento ante la audaz declaración.

Jasper me sorprendió con lo que dijo a continuación.

—Así es como yo lo veo, y odio admitirlo, pero lo aprendí de Bull. —Se volvió hacia Max—. Si encajas culturalmente, entonces perteneces. Si no, probablemente deberíamos ponerte a disposición del mercado.

De nuevo silencio, hasta que Jasper continuó.

—Y puedo decir con confianza que encajas culturalmente. Simplemente te tenemos en el papel equivocado, y eso es culpa nuestra.

—¿En qué papel debería estar? —preguntó Makena.

—No lo sé —admitió Jasper—, pero no uno que sea todo detalle y seguimiento. —Parecía haber terminado, pero luego continuó—. Oye, si pusiéramos a Bull en ese papel, fracasaría. Lo sé porque yo fui quien le salvó el culo cuando tenía tu edad.

Max asintió de mala gana.

—Supongo que... —Hizo una pausa y luego continuó—. ¿Pero qué pasa si no tenemos un papel que se ajuste a mis necesidades?

Otra afirmación audaz. Cada vez me gusta más Max.

—Es posible —reconocí—, pero no es algo en lo que debamos pensar ahora.

—Entonces, ¿en qué deberíamos pensar? —preguntó Quinn.

—Deberíamos averiguar cómo estamos utilizando a todos en este equipo. Supongo que algunas de las habilidades de Max podrían ser útiles para otra persona.

—¿Cómo se hace eso? —Max quería saber.

—No lo sé —dije—. Pero apuesto a que podríamos averiguarlo en veinte minutos.

La gente parecía confundida.

Y entonces Jasper dijo:

—Apuesto por Bull. Le he visto hacer esto antes.

DIAGNÓSTICO

Empecé por centrarme en las frustraciones de cada uno, sus dos áreas de habilidad más bajas.

—Vale, tres de vosotros tenéis la creatividad como una de vuestras áreas de frustración. Y a dos de vosotros os frustra el tener que cuestionar y pensar.

Hice un círculo con esas palabras rojas en la pizarra. Todos miraban la pizarra como si fuera una ecuación matemática.

Continué.

—Y Max es el único que tiene la creatividad como talento, y una de sus competencias es el pensamiento.

Más miradas. Frunciendo el ceño. Calculando.

—Así que, como grupo, no sois muy buenos a la hora de aportar nuevas ideas, o incluso de hacer las preguntas adecuadas que puedan crear una nueva idea. —No quería que pensaran que estaba siendo duro, así que aclaré—: Como grupo, eso es lo que diría vuestro perfil.

Las cabezas asentían, lo que me decía que probablemente no les había ofendido.

Kirstin intervino a continuación.

—La forma en que estamos organizados hace que no necesitemos mucho ni el pensamiento, ni la creatividad; es más, tampoco mucho el discernimiento.

Jasper y Quinn se miraron y parecieron avergonzados. Le pedí a Kirstin una explicación.

—Bueno —dijo, con un poco de cautela—, para cuando nos involucramos en un proyecto, vosotros —nos señaló a Quinn, Jasper y a mí— ya habéis hecho la mayor parte del pensamiento creativo y global.

Los otros chavales asentían con la cabeza.

Continuó.

—Así que, más o menos, estamos haciendo un trabajo de implementación.

Hice la gran pregunta.

—¿Y qué pensáis de eso? —No esperé una respuesta antes de aclarar mi pregunta—. ¿Es frustrante?

Los chavales se miraron unos a otros para ver quién iba primero. Finalmente, Kristen habló.

—Me gustaría practicar más mis habilidades de discernimiento.

Ahora todos menos Makena asentían.

—Sí. No me malinterpretes, porque sé que todos tenemos que hacer el trabajo sucio, pero realmente quiero involucrarme en el lado creativo y estratégico de las cosas algún día. Creo que sería mucho mejor en eso —dijo Max.

Asentí con la cabeza, pero no supe exactamente qué decir.

Max me ayudó cuando añadió:

—Pero tengo que hacer lo que se espera de mí.

—Eso es una tontería —respondí con toda naturalidad.

Todo el mundo se quedó atónito, pero sobre todo Max.

Inmediatamente aclaré mi comentario.

—Lo que has dicho no es una tontería, Max. No quise decir eso.

Empezó a respirar de nuevo.

—Lo que quiero decir es que la gente que hace lo que se espera de ellos es una tontería. Sobre todo si eso significa hacer cosas que no se les da bien para demostrar que son dignos de hacer lo que se les da bien. —Hice una pausa—. ¿Tiene sentido?

Unas cuantas cabezas asintieron, pero, sorprendentemente, fue Makena la que se sintió más identificada con lo que había dicho.

—Mira —anunció con una sonrisa en la cara que parecía una mezcla de pasión y miedo—, me encanta lo que estoy haciendo ahora mismo. No estoy intentando que me asciendan a un trabajo en el que no soy buena.

Miró a Max.

—Quieres trabajar en el lado más estratégico y creativo de las cosas, ¿verdad?

Asintió con la cabeza.

—Yo no —declaró con rotundidad—. Sé que no es lo que debería decir, y que se supone que todos somos estratégicos y creativos y lo que sea. Pero yo soy más bien de la parte de implementar. Y me sentiría bastante frustrada si me pidieran que me involucrara en los proyectos antes de que otra persona ideara la dirección y el plan.

De repente tuve una revelación.

—Así era en muchas de las agencias que conocía. Contratan a gente para hacer un trabajo, y los que son buenos en él son promovidos a otros trabajos que requieren diferentes habilidades. A menudo, no lo hacen bien en sus nuevos trabajos porque eran mucho más adecuados para los anteriores, y las personas que serían excelentes en los nuevos trabajos nunca son ascendidas porque eran malas en los anteriores.

Jasper me miraba con la boca abierta.

—Repite eso.

Todo el mundo soltó una carcajada.

—Vale, sé que ha sido confuso, pero ¿entendéis lo que quiero decir?

—Sí. No me ascendáis a un trabajo que no quiero, y no me hagáis sentir una fracasada por hacer lo que se me da bien ahora —dijo Makena.

—Y no hagáis que Max demuestre que es bueno en algo que no lo es para que pueda hacer lo que realmente se le da bien —añadió Kirstin.

Jasper miraba ahora a Makena y Kirstin.

—Repetid eso. —Afortunadamente, luego explicó—: Estoy bromeando. Lo entiendo. Esto tiene todo el sentido del mundo.

Quinn intervino.

—La solución tiene que ser hacer equipos.

—Creo que estoy de acuerdo —dije—. Pero explica lo que quieres decir.

—Cuando reúnes a un grupo de personas en un proyecto, quieres tener todas las necesidades cubiertas. Si te centras demasiado en las descripciones de los puestos de trabajo o en los niveles de experiencia, se estropea.

Jasper continuó a partir de ahí.

—Si el proyecto necesita invención o evaluación, busca a alguien que lo tenga y utilízalo. Y deja que dediquen el mayor tiempo posible a esas cosas.

Lo resumí.

—Deberíamos organizar más nuestro trabajo, es decir, nuestros proyectos, nuestros grupos de clientes y nuestros programas, en función de las habilidades que se necesitan, y hacer todo lo posible para que las personas ocupen los puestos en los que son más adecuados.

—¿Y qué pasa cuando eso no es posible? —preguntó Quinn.

—No siempre será posible. Nunca nada es tan fácil. To-dos tenemos que encontrar la manera de salir adelante y dar lo mejor de nosotros mismos cuando no estamos en nuestras áreas de talento, o incluso de competencia. Pero si eso ocurre el veinte o el treinta por ciento de las veces, en lugar del setenta, todos seremos mucho más felices. Y más eficaces.

—Entonces, ¿qué es lo siguiente? —preguntó Jasper.

—Lo siguiente es que el equipo directivo se replantee cómo organizamos, dotamos de personal y gestionamos nuestro trabajo. De arriba abajo. Y tal vez —hice una pausa—, solo tal vez, encontremos una manera de mantener a Max.

Esta vez, Max sonrió a lo grande, y supe en qué tenía que concentrarme en los días y semanas siguientes.

PRUEBAS

A partir de ese momento, me convencí por completo de que esto de los talentos de cada uno no era simplemente una forma conveniente de explicar por qué estaba de mal humor en el trabajo. Había visto lo que hizo por Chris y mi equipo de liderazgo. Había funcionado en la iglesia. Lo utilizamos para evitar perder a Max y prevenir un futuro problema con Makena.

Y por si fuera poco, Anna dijo que era lo mejor que había hecho en el trabajo. El hecho de que fuera un accidente y de que no formara parte realmente de lo que mi empresa debía hacer, solo disminuyó mi entusiasmo un poco.

Durante las dos semanas siguientes, pasamos casi la mitad de nuestro tiempo en la oficina reconsiderando cómo trabajaríamos de forma diferente ahora que entendíamos y podíamos describir realmente nuestras fortalezas y debilidades innatas. Cada reunión que teníamos, cada conversación en el pasillo, se convertía de repente en referencias a la evaluación, a la motivación, al talento y a la frustración. Y ni siquiera lo estábamos intentando.

En un mes, la moral era más alta de lo que había sido desde que fundamos la agencia cuatro años antes. Pero, como le gustaba decir a Jasper: «¿A quién le importa la moral? ¿Qué pasa con el trabajo?».

La cuestión es que hacíamos más cosas en menos tiempo y nos divertíamos más de lo que creíamos posible. Lo cual, como me gustaba decir, era a lo que me refiero con la moral.

Pero, tal vez, la mejor manera de explicar el poder de *Los 6 talentos laborales*, como llegamos a llamarlo, es contándote dos reuniones que tuvieron lugar el mismo día. Fue tres meses después —lo comprobé— de que naciera el modelo. Aunque me gustaría haber grabado esas reuniones, estoy bastante seguro de que pude reconstruir el diálogo con más de un 8 % de precisión.

LA REUNIÓN CON EL CLIENTE

Amy y yo estábamos en el Hospital St. Luke, el más grande de la zona, realizando nuestra primera sesión de planificación con la jefa de marketing y su equipo, así como con el director general y el jefe de RR. HH., que querían unirse a nosotros. También trajimos un equipo más grande, algo que había empezado a hacer unos meses antes. Cuantos más talentos tuviéramos en la sala, más posibilidades tendríamos de no perder nada importante.

Ese día en particular, trajimos a Max y a Chris. Chris sería importante porque este se convertiría en uno de nuestros mayores clientes, y su capacidad de influencia dependería de que entendiera lo que estábamos haciendo y por qué lo estábamos haciendo. Chris había empezado a venir a más reuniones con clientes que nunca, y eso supuso una gran diferencia en nuestra coordinación y seguimiento.

Max estaba allí porque necesitaba a alguien más en la sala que pudiera ayudarme a crear y discernir simultáneamente. La cuenta del hospital iba a tener múltiples proyectos y tendríamos que demostrarles que podíamos ser creativos y adaptables para ganarnos su confianza.

Este tipo de reunión de lanzamiento sería larga y permitiría al cliente exponer sus necesidades en detalle, revisar lo que había hecho en los últimos años y solicitar nuestras ideas generales sobre cómo podríamos ayudarle.

Sería estratégica, mucho más específica que una llamada de ventas, pero no que una presentación de mensajes detallados y visuales.

El director general, un tipo muy, muy alto llamado Joseph, comenzó explicando que el marketing y la publicidad en un hospital, especialmente en uno que estaba conectado a una iglesia, no solo se trataba de obtener ingresos —sí, tenían que preocuparse por sus finanzas—, sino también de mejorar la marca del hospital y ayudar a la comunidad a conectar con la cultura de la organización.

—Hemos investigado, Joseph —le dije—, pero me gustaría que me dijera cuál es esa cultura.

Joseph frunció el ceño, pero solo porque estaba pensando en qué decir.

—Bueno —empezó—, voy a serle sincero. Tenemos una lista de valores y unas diapositivas y carteles por todo el hospital que anuncian nuestra cultura. —Hizo una pausa y miró al jefe de RR. HH. con lo que solo puedo describir como un indicio de incomodidad—. Pero no estoy seguro de que sea tan real y verdadera como debe ser.

Miré al jefe de RR. HH., un tipo de mi edad, que ahora también parecía un poco nervioso.

—Explique lo que quiere decir —le pedí.

—Bueno, nos promocionamos como una cultura positiva, optimista y solidaria. Muchos hospitales lo hacen hoy en día. Pero cuando camino por los pasillos por la noche, e incluso a veces durante el día, no lo veo ni lo siento.

Chris hizo la pregunta antes de que yo pudiera hacerlo.

—¿Cuál es la diferencia entre la experiencia de noche y de día?

Joseph sonríe.

—Durante el día hay más gente en el hospital que sabe quién soy, y estoy seguro de que me suben los humos. Por la noche, puedo caminar por aquí de forma anónima, y creo que veo mejor la realidad.

Suficientes personas en la sala asintieron para confirmarme que Joseph probablemente tenía razón. Amy fue la siguiente.

—¿Qué ve exactamente que no le gusta?

—Bueno... —Joseph tomó aire—. No es que nuestra gente sea maleducada o indiferente ni nada por el estilo. —Lo pensó—. Pero no puedo decir que parezcan tan comprometidos o entusiastas o genuinamente apasionados por lo que están haciendo como me gustaría. Es decir, están en el negocio de salvar y cuidar vidas humanas, lo cual es precioso, y quiero que lo sientan en sus huesos. Quiero que los pacientes vean que eso emana del personal.

—¿Cree que están agotados? —pregunté.

Sacudió la cabeza.

—No. Somos bastante buenos detectando el agotamiento. Hay focos de agotamiento en algunos departamentos en los que falta personal, pero no es la norma. Y cuando encuestamos a la gente, y cuando hablo con la gente en mis visitas nocturnas a pie, los que no saben quién soy, me dicen que se sienten mal utilizados y frustrados.

Ahora interviene la jefa de marketing.

—Creemos que uno de los beneficios de una gran campaña de marketing es que tendrá tanto impacto en nuestra propia gente como en nuestros pacientes y la comunidad.

El jefe de RR. HH. asintió con entusiasmo.

Estoy de acuerdo con ella.

—Estoy de acuerdo con usted. —Como ya he dicho, soy muy directo en ese sentido—. Pero es muy importante alinear la realidad con el mensaje, o podría ser contraproducente.

Algunos de los responsables de marketing parecían confundidos, así que continué.

—¿Han estado alguna vez en un avión cuando han puesto ese ridículo mensaje de vídeo al principio del vuelo, justo antes del control de seguridad? —No esperé la respuesta—. Tienen a esos empleados de ojos brillantes, o a veces al director general, declarando lo mucho que se preocupan por los pasajeros y por su compañía y cómo están dispuestos a hacer todo lo posible para que tu vuelo sea una experiencia increíble.

Ahora la gente asentía.

—Vale, ¿cómo les hace sentir eso?

Uno de los responsables de marketing soltó:

—No sé cómo decirlo exactamente. Pero es asqueroso. Me hace sentir que me mienten.

Otra persona añadió:

—Y me hace sentir mal por los empleados. Siempre los miro y parece que hacen todo lo posible para no poner los ojos en blanco. —Sacudió la cabeza—. No creo que nadie se beneficie de esos estúpidos vídeos.

—Cierto —estuve de acuerdo—. Hace que los clientes y los empleados se vuelvan cínicos. Eso es lo que quiero decir con contraproducente.

Ahora habló la jefa de marketing.

—Sé lo que dice, pero no creo que sea eso lo que está pasando aquí. No somos tan hipócritas, pero definitivamente no estamos actuando como queremos que el mundo nos vea.

Finalmente, el jefe de RR. HH. tomó la palabra.

—Y no estamos perdiendo gente que se vaya a otros hospitales o a otros trabajos. Los resultados de sus encuestas están bien. Es como si se quedaran, pero han aceptado que no pueden hacer mucho.

Fue entonces cuando Max habló.

—Deberían probar nuestro programa *Working Genius*.

Como Max era bastante más joven que nosotros, y como aún no había hablado, sus palabras llamaron la atención de la gente un poco más de lo normal.

—¿Perdón? —preguntó la jefe de marketing, con auténtica curiosidad.

Un poco nervioso ahora que toda la atención estaba puesta en él, Max explicó:

—En nuestra oficina se nos ocurrió esta sencilla herramienta para entender qué es lo que la gente hace bien por naturaleza y qué es lo que hace mal por naturaleza. Cambió de inmediato nuestra forma de trabajar. La verdad es que yo no estaría aquí en esta reunión si no lo hubiéramos hecho.

El jefe de RR. HH. se sentó en su silla.

—¿Cuánto tiempo lleva?

—Bueno, yo diría que cambió nuestra cultura de trabajo en unas pocas semanas.

—No. —El vicepresidente de RR. HH. sonrió—. ¿Cuánto tiempo se tarda en hacer la evaluación?

Ahora intervine yo.

—Oh, no tenemos una evaluación. Solo tratamos de averiguar lo que somos como grupo. —Miré a Amy—. Aunque una evaluación sería genial.

Ahora Joseph volvió a unirse.

—¿Dice que ha cambiado la cultura de su oficina en pocas semanas? —Me miró, un poco escéptico.

Me encogí de hombros.

—Es más o menos cierto. Quiero decir que para algunos fue inmediato. Pero a nosotros nos llevó unas semanas averiguar qué era y luego trabajarlo a través de la agencia.

—¿Cuánto tiempo se tarda en explicar? —preguntó el de RR. HH.

Instintivamente, miré el reloj. Teníamos todo el día y podía hacer un resumen en veinte minutos. Miré a Amy y ella se encogió de hombros y asintió simultáneamente, dándome permiso para hacerlo.

—Probablemente podría hacerlo todo en menos de media hora, de principio a fin.

La docena de clientes se miraron entre sí como si esperaran que alguien dijera: «Sí, hagámoslo».

Y entonces Chris dijo:

—Realmente funciona. Cambió mi carrera de la noche a la mañana.

—Entonces hagámoslo —declaró Joseph, y todos se sumaron.

No voy a mentir. Nunca había estado tan emocionado de presentar algo a un cliente en mi carrera.

PASIÓN

Durante los siguientes veinticinco minutos presenté el modelo de principio a fin. Expliqué los seis tipos de trabajo y cómo encajan entre sí. Describí las diferencias entre los talentos, las competencias y las frustraciones de una persona. Incluso expliqué las etapas del trabajo: ideación, activación e implementación.

Amy y Chris intervenían a menudo para ayudar a explicar una sutileza o un matiz. Incluso Max contó su historia.

No miento cuando digo que los clientes estaban todos enganchados a lo que estaba presentando. Hicieron preguntas, se enfrentaron a los conceptos y se ayudaron mutuamente a identificar la mayoría de sus talentos y frustraciones. Al final, Chris fue a la pizarra y escribió lo que más tarde describiríamos como el «mapa de talentos» del equipo de marketing.

Pensé que el jefe de RR. HH. iba a explotar. O implosionar. Lo que sea que haga alguien cuando está emocionado.

Incluso Joseph preguntó cómo podría utilizar esto con su equipo de liderazgo.

Una hora después, el equipo de marketing había reorganizado parte de su departamento. Aunque suene extraordinario, en realidad era bastante obvio lo que tenían que hacer, pero solo después de darse cuenta de que tenían personas en las funciones equivocadas y que eso estaba ralentizando todo.

El jefe de RR. HH. (probablemente debería darle un nombre —Ken—, no me había dado cuenta de que había influido tanto en la historia) nos dijo que conocía una empresa local que podía ayudarnos a elaborar una evaluación. Quería ayudarnos a trabajar con el equipo ejecutivo, su propio equipo y la directora de enfermería y su personal.

Finalmente, seguimos con la parte de marketing y publicidad de nuestro día, que parecía mucho más significativa e intencionada. Y lo más asombroso de todo —sí, más asombroso que lo que ya había ocurrido— fue cómo habían adoptado el vocabulario de los tipos de talentos.

En un momento dado, Mary, la jefa de marketing, dijo: «No os estoy motivando, así que no penséis que os estoy diciendo que salgáis y actuéis según lo que voy a decir. Se me acaba de ocurrir una nueva idea, y necesito que hagáis lo de la D... ¿Qué es? ¿Discernimiento?». Vaya. Había utilizado los términos casi de forma precisa, y todo el mundo sabía a qué se refería. Y todo ello poco después de conocer el modelo.

Y al final del día, Joseph anunció al grupo:

—Tengo que decirles a todos que el equipo ejecutivo, mi equipo de liderazgo —miró a Mary y a Ken, que eran miembros— no dedica casi nada de tiempo a la parte del trabajo en la que hay que cuestionarse. No nos tomamos el tiempo suficiente para reflexionar y hacer preguntas. En su lugar, nos lanzamos directamente a la implementación. No es de extrañar que no hayamos inculcado al hospital un mayor sentido de la misión y el verdadero significado de lo que hacemos.

Cuando cerramos la reunión e intercambiamos entusiastas apretones de manos, los cuatro nos dirigimos al aparcamiento para hablar de lo que acababa de pasar.

Cuando las puertas del monovolumen de Amy se cerraron, Chris fue el primero.

—¿Qué acaba de pasar? —Parecía genuinamente confundido.

—¿Así es como suelen ir estas reuniones? —preguntó Max, con humor.

Amy se echó a reír.

—¿Alguien aquí se ha divertido tanto en el trabajo antes? —Era una pregunta retórica—. No sé ni cómo describirlo.

Amy no paraba de reírse.

REUNIÓN DE PERSONAL

A la mañana siguiente me moría de ganas de contarle a Quinn, Jasper y Lynne lo que había pasado el día anterior. Por desgracia, Chris llegó antes que yo y se me adelantó.

Por supuesto, Amy y yo tuvimos mucho que añadir una vez que la reunión comenzó y, aunque no habían estado con nosotros en el hospital, el resto del equipo parecía más entusiasmado de lo que hubiera pensado.

Y Jasper tenía su propia historia.

—Mi banda hizo el *Working Genius* anoche, y decidimos separarnos.

Jasper era el bajista de una banda de rock clásico con sede en Reno, llamada Instant Replay, que tocaba canciones originales y versiones para fiestas y actuaciones corporativas. Curiosamente, no parecía muy afectado por lo ocurrido con su banda.

—Sí, hemos estado bastante mal durante el último año o así, y no sabíamos por qué. Resulta que cuatro de nosotros tenemos el talento de la creatividad. Yo soy el único que no lo tiene.

—¿Por qué es un problema? —preguntó Lynne.

—Porque todos quieren escribir canciones y ser el líder de la banda. Siguen pensando que van a triunfar, y yo estoy bien quedándome en el fondo, tocando el bajo, y viendo cómo la gente se lo pasa bien.

—Entonces, ¿te vas a retirar? —preguntó Amy.

—No. Probablemente encontraré una banda que necesite un bajista y que tenga un poco más de equilibrio. Menos drama.

—¿Están los chicos tristes? —pregunté.

—Sabes... —Jasper lo pensó—. Fueron bastante claros en todo. Es decir, cuando acordaron que todos eran creativos, admitieron que no funcionaría. —Frunció el ceño—. Para ser honesto, creo que estaban algo aliviados.

Chris puso fin a la conversación.

—Bien, chicos. Empecemos. Tenemos un pequeño problema, uno bueno, pero un problema al fin y al cabo.

Tenía nuestra atención.

—Dos de nuestros clientes nos piden más trabajo. Mucho más trabajo. Y no creo que podamos hacerlo todo con nuestra plantilla actual.

Intenté quitarle importancia a la situación.

—Oye, ahora que Jasper está fuera de la banda, tendrá más tiempo.

Todo el mundo, excepto Chris, pensó que era divertido.

—Bull, este es el tema. Tú y Amy habéis estado vendiendo como locos últimamente. Y eso es genial. —Hizo una pausa—. Quiero decir, ayer fue genial.

Hizo una pausa más larga de lo normal, y me di cuenta de que tenía miedo de decir lo que estaba pensando.

—Vamos, Chris. Escúpelo. No pasa nada.

—Bueno, no estoy seguro de que aprecies realmente lo que se necesita para llevar a cabo todas tus ideas.

No me molestó en absoluto lo que dijo, así que hice lo posible por parecer abierto.

—¿Qué quieres decir con aprecio?

—Bueno… —Volvió a hacer una pausa—. A menudo se subestima lo que conlleva la parte de implementación del trabajo.

Me sentí muy aliviado.

—Vale, lo entiendo. Y estoy de acuerdo. Definitivamente lo hago. Temía que dijeras que no aprecio a la gente que hace ese trabajo.

—No, sé que los aprecias. Pero estoy de acuerdo en que a menudo descartas nuestras preocupaciones sobre la carga de trabajo y lo que se necesita para hacer las cosas —intervino Jasper.

Quinn salió en mi defensa.

—Creo que es porque sus talentos son la creatividad y el discernimiento.

—Y sus frustraciones son la influencia y la tenacidad —añadió Jasper.

—Lo cual no es una excusa —me recordó Quinn—, pero tiene sentido.

Asentí con la cabeza, sintiéndome un poco avergonzado.

—Lo sé, lo sé. Tiendo a pensar que el trabajo se hará sin más. Eso es culpa mía. Además de ser más consciente de ello, ¿qué puedo hacer para ayudar?

—Puedes dejarnos contratar a más gente con F y T —dijo, sabiendo que todos sabríamos a qué se refería. Y continuó—. Sé que te gusta que seamos pocos por aquí, y que siempre hemos sido capaces de encontrar una manera, pero las cosas están empezando a despegar, y tenemos que adelantarnos al problema.

Tengo que admitir que para mí tenía sentido. Pero creo que mi modesta educación me hizo temer gastar demasiado y arrepentirme después. Hasta que habló la persona adecuada.

—Estoy de acuerdo con él. —Era Lynne—. Mi instinto me dice que estamos a punto de tropezar si no traemos a un puñado de personas que puedan hacer girar la manivela.

Quinn levantó la mano y habló.

—Estoy completamente de acuerdo.

Las dos personas de mi equipo que tenían evaluación estaban de acuerdo, y aunque mis temores me hacían dudar, mi instinto me decía que Chris tenía razón. Si creía en el modelo, y lo hacía, ¿cómo podía negar la veracidad de lo que estaba escuchando?

—Hazlo.

Chris parecía sorprendido.

Volví a decirlo.

—Contratemos a cinco personas nuevas. Y asegurémonos de que la mayoría de ellas tengan tenacidad o facilitación como talentos. Probablemente también nos vendría bien alguien con influencia.

—Vaya —dijo Chris—. Normalmente se necesita mucho más que eso para convencerte de algo así.

Estuve de acuerdo.

—Sí, y eso es por mi culpa. Esto tiene sentido, y no hay razón para esperar.

Amy tenía una pregunta.

—¿Cómo hacemos para encontrar a la gente basándonos en sus talentos? Incluso si ya tuviéramos una evaluación, ¿es eso legal?

—Técnicamente, no —explicó Chris—. Se supone que no se puede hacer una evaluación de la gente antes de decidir su contratación. Podría ser tendencioso o discriminatorio, o algo así.

—Pero si os ayuda a ti y a esa persona a saber si van a tener éxito, ¿no es algo bueno? —preguntó Jasper.

Chris se encogió de hombros.

—No pasa nada. No necesitamos una evaluación para esto —declaró Quinn—. Vamos a explicarles exactamente lo que van a hacer, y no vamos a exagerar y hacer que parezca fácil.

Amy frunció el ceño, confundida.

Y continuó.

—Seremos tan transparentes con la gente sobre el trabajo, los detalles, el apoyo, el seguimiento y la... —Quinn hizo una pausa— la tenacidad que huirán gritando si no les gusta.

—¿Pero no crees que podríamos asustar a la gente? —preguntó Amy.

—¿Crees que Makena, Chris o Jasper se asustarían si hiciéramos eso?

Amy miró a Chris y a Jasper.

Sacudían la cabeza y sonreían.

—Me haría mucha ilusión aceptar ese trabajo —dijo Jasper—. Las personas adecuadas se apuntarán, y las otras no. Es ridículamente sencillo, y creo que funcionará. ¿Por qué querría alguien aceptar un trabajo que parece miserable? Y si intentan fingir, lo sabremos. Dígame, Sr. o Sra. Candidato a un puesto de trabajo, por qué le gusta superar los obstáculos, centrarse en los detalles o finalizar un proyecto incluso cuando todos los demás están pensando en el siguiente. Porque si no le gusta hacer eso, va a odiar este trabajo, y nosotros nos sentiremos frustrados con usted. Pero si le gusta hacer esas cosas, será más feliz que una perdiz.

Nos reímos.

Y añadí:

—Y adelante, explícales los seis tipos de talentos y hazles saber que buscamos gente en los dos últimos. Eso no puede ser ilegal. Es simplemente honesto.

Y eso es lo que hicimos. En tres meses, habíamos contratado a seis personas nuevas —sí, más de las que pensábamos que necesitábamos— y en pocas semanas supimos que habíamos encontrado a las adecuadas. Nunca habíamos hecho un mejor trabajo centrándonos en las habilidades que necesitábamos e identificándolas en las personas que entrevistábamos. Y nunca volveríamos a contratar sin utilizar ese modelo.

DAR UN SALTO

En el plazo de un año, ocurrieron dos cosas sorprendentes que nunca hubiéramos podido prever.

Primero, la empresa duplicó su tamaño y cuadruplicó sus ingresos. Y estábamos rechazando trabajo.

En segundo lugar, al menos un tercio de nuestro trabajo iba sobre el modelo *Working Genius*.

Pero fue un año más tarde cuando todo cambió de verdad. Y empezó con lo que ahora llamamos «la llamada».

Era temprano por la mañana y las únicas personas en la oficina éramos Lynne, Bella y yo. Bella no solía dirigirme las llamadas, pero Lynne estaba en el baño.

—Habla Bull. ¿En qué puedo ayudarle?

—Hola, Bull, me llamo Kathryn y quería saber si trabajaría con nuestra empresa.

—Muy bien, Kathryn. Hábleme de su empresa.

—Bueno, somos una empresa de tecnología en el Área de la Bahía. He oído hablar muy bien de su empresa y creo que nos vendría bien su ayuda.

—Me gusta escuchar eso. Entonces, Kathryn, ¿es la jefa de marketing?

—No, soy la directora general.

—Vaya —dije—. Normalmente es el jefe de marketing el que nos llama primero.

—¿De verdad? —Kathryn respondió, e incluso por teléfono pude notar que estaba confundida—. Eso me sorprende.

—Bueno —expliqué—, la mayoría de los directores generales dejan que sus vicepresidentes de marketing elijan a los proveedores que utilizan para el marketing y la publicidad.

—Oh —dijo ella—, no les he llamado para que me ayuden con el marketing. Creía que eran consultores de productividad.

Antes de que pudiera digerir completamente lo que dijo, intenté responder.

—Oh, no, somos una agencia *boutique* que se centra en...

Y fue entonces cuando me di cuenta.

—Espere un segundo, Kathryn. ¿Qué busca exactamente?

—Bueno, un amigo director general que dirige una empresa en Reno me habló de los seis tipos de talento en el trabajo, o algo así. Dijo que era increíble, y que es exactamente lo que necesito.

Me quedé atónito.

—¿Así que no necesita ayuda con el marketing?

—No —dijo con seguridad—. Ahí nos va bien. Pero nuestra productividad y nuestra moral están por los suelos y no sabemos qué hacer. ¿Puede ayudarnos?

Y ese fue el día en que Jeremiah Marketing se convirtió en Jeremiah Consulting, con dos divisiones: Marketing y Publicidad, que fue nuestra oferta inicial, y Transformación del Lugar de Trabajo, que se centró en la productividad, el trabajo en equipo y la dotación de personal.

Cuando le conté todo esto a Anna esa noche, me dijo algo que resultó ser más acertado de lo que yo podía imaginar:

«Sabes, Bull, supongo que hay muchas más empresas que necesitan ayuda con su personal que con su marketing».

Aunque una parte de mí quería hacerlo, no podía estar en desacuerdo con mi esposa. Y no podía esperar para empezar.

EPÍLOGO

Diez años después de la aparición de Jeremiah Consulting, nuestra división de Transformación del Lugar de Trabajo era nada menos que diez veces mayor que nuestra rama de Marketing y Publicidad. Con la creciente escasez de mano de obra en el mercado, descubrimos que la demanda de evaluar, retener y motivar a los buenos empleados se volvió más competitivamente crítica que nunca antes en la historia moderna del trabajo.

Como resultado, pasé la mayor parte de mi tiempo profundizando en esa parte del negocio, no solo para hacerla crecer y ayudar a nuestros clientes, sino para aplicar esos principios a nuestra propia gente. Y puedo decir honestamente que amé mi trabajo más que nunca en mi carrera, y casi nunca me sentí de mal humor en el trabajo.

Lo mejor de todo es que el *Working Genius* impregnó todos los aspectos de mi vida. Anna y yo evitamos la culpa innecesaria por no tener tenacidad para finalizar las cosas, y aprendimos a utilizar a otros para que nos ayudaran con los proyectos y las responsabilidades que nos resultaban difíciles. También nos esforzamos por comprender los talentos y frustraciones de nuestros hijos, ajustando nuestros estilos de crianza y expectativas en consecuencia. La tensión en la casa disminuyó drásticamente. ¡Cómo me gustaría haber hecho esto una década antes! Y mientras nos preparábamos para una especie de prejubilación —amo demasiado mi trabajo como para pasar doce horas al día jugando al golf y pescando—, Anna y yo decidimos organizar nuestras actividades para adaptarlas mejor a nuestros talentos.

Al final del día, he llegado a creer más que nunca que el trabajo está destinado a ser digno y satisfactorio para todos, y que Dios creó a cada uno de nosotros para contribuir de manera única. Y más que nada, *Working Genius* me ha ayudado a entender la mejor forma en que puedo contribuir a mi empresa, mi equipo y mi familia.

Más allá de las actividades cotidianas del trabajo y de la vida, yo, Jeremiah Octavian Brooks, tengo ahora la profunda sensación de que he hecho y sigo haciendo aquello para lo que Dios me creó. Y hago todo esto con gratitud, porque sé que cada parte, todas y cada una de ellas, es un regalo.

EXPLORANDO EL MODELO

CONTEXTO

HISTORIA DE FONDO

Cuando era pequeño, recuerdo que mi padre llegaba a casa por la noche frustrado por algo que llamaba trabajo. Y aunque no entendía muy bien lo que era el trabajo, esto me molestaba mucho y me sentía mal por él.

No fue hasta que empecé a trabajar que me di cuenta de que los puestos de trabajo eran a menudo una fuente de frustración para las personas, y que las causas de esto incluían a los malos gerentes, el mal liderazgo de la empresa, las relaciones rotas con los colegas y las personas que tenían que hacer trabajos que no coincidían con sus talentos y dones naturales.

Bueno, he tenido la bendición de haber pasado gran parte de mi carrera tratando de ayudar a las personas a encontrar dignidad y satisfacción en su trabajo a través de una mejor gestión, liderazgo y trabajo en equipo. Pero puedo decir que nunca esperé hacer algo novedoso en el área de ayudarles a entender y alinear los dones con su trabajo. Hasta junio de 2020.

Llevaba años luchando de forma intermitente contra mi propia insatisfacción laboral, lo que me desconcertaba porque había creado mi empresa con buenos amigos, me encantaba el campo en el que trabajaba y sentía un verdadero cariño por mis colegas. Sin embargo, me encontraba inexplicablemente agotado y exasperado de forma semirregular.

Aquella mañana de junio, tras una serie de reuniones que hicieron que mi satisfacción laboral subiera y bajara y volviera a subir en el transcurso de una hora, mi colega Amy me hizo la gran pregunta: «¿Por qué estás así?». Por alguna razón, decidí que sería un buen momento para hacer un diagnóstico de mi problema. Y eso dio lugar a una conversación de cuatro horas durante la cual, sin querer, se me ocurrieron los seis diferentes talentos que componen el modelo *Working Genius*.

En cuanto el modelo básico llegó a la pizarra de mi despacho, las bombillas empezaron a parpadear en mi cerebro. Grandes partes de mi vida empezaron a tener más sentido.

Por ejemplo, por fin entendí por qué, de niño, hacía con gusto algunas de las tareas que me asignaban mis padres y me resistía a otras. Ahora sabía por qué, en la universidad, el reloj parecía avanzar rápidamente durante algunos de mis cursos y por qué se detenía, e incluso parecía retroceder, en muchos otros. Incluso podía explicar por qué fracasé en mi primer trabajo en el mundo real y por qué prosperé en otros. Pero lo mejor de todo es que sabía las razones por las que a menudo me sentía frustrado en mi situación actual, en el trabajo y en la vida. Fue nada menos que un gran avance personal.

Desde ese día, mi equipo y yo hemos trabajado para transformar esas primeras ideas en una evaluación individual, que más de un cuarto de millón de personas ya han utilizado para identificar sus talentos y mejorar sus carreras y sus equipos. También hemos creado un pódcast dedicado a *Working Genius*, un programa de certificación para formadores que quieran enseñar y utilizar *Working Genius* en sus propias prácticas y empresas, y una herramienta de equipo para ayudar a los grupos a utilizar *Working Genius* para transformar su forma de trabajar juntos.

Y, finalmente, he escrito este libro para explicarlo todo mejor.

DEFINIR EL TRABAJO

Antes de entrar en el modelo en sí, tengo que aclarar que *trabajo* es un término amplio que se aplica a casi todas las partes de nuestra vida, incluso más allá de lo que formalmente llamamos empleos. Ya sea que estemos creando una empresa, lanzando un nuevo producto, proporcionando apoyo a los clientes, llevando una ONG, dirigiendo un banco de alimentos en la iglesia o planificando unas vacaciones familiares, estamos trabajando. Estamos haciendo cosas.

Teniendo en cuenta esta amplia definición, no sería exagerado decir que la mayoría de nuestras horas del día implican algún tipo de trabajo, a veces solo, pero más a menudo con otros.

Creo que todo trabajo debe ser digno y satisfactorio, tanto por la experiencia en sí como por los frutos que produce. Y aunque todo tipo de trabajo implica hacer cosas poco estimulantes y, a veces, algo tediosas o frustrantes, cualquier cosa que podamos hacer para ayudarnos a nosotros mismos y a los demás a sacar el máximo partido del trabajo merece la pena.

El primer paso, y el más importante, es comprender que cada uno de nosotros disfruta con distintos tipos de trabajo y, a continuación, averiguar cuál es el que más nos conviene. Si vamos por la vida sin conocer nuestros dones naturales, lo mejor que podemos esperar es tener la suerte de encontrarnos haciendo lo que nos gusta. El modelo *Working Genius,* principalmente, es un medio para que cualquiera pueda identificar esos dones. Todo empieza ahí.

Ahora vamos a analizar a fondo el modelo.

MODELO Y EVALUACIÓN

DEFINICIÓN DE LOS SEIS TIPOS

El talento o la genialidad del *pensamiento* implica la capacidad de reflexionar, especular y preguntarse por el estado de las cosas, haciendo las preguntas que provocan respuestas y acción. Las personas con este talento están naturalmente inclinadas a hacer estas cosas. Les resulta fácil perderse en la observación del mundo que les rodea y preguntarse si las cosas no deberían ser diferentes o si hay un potencial sin explotar que debería aprovecharse.

El talento o la genialidad de la *creatividad* consiste en crear nuevas ideas y soluciones. Las personas con este talento se sienten atraídas por el origen, la creatividad y el ingenio en el sentido más estricto de estas palabras, incluso con poca dirección y contexto. Aunque todos los tipos son talentos, estas son las personas a las que más a menudo se les llama «genios» porque muchas de sus ideas parecen salir de la nada.

El talento o genialidad del *discernimiento* está relacionado con el instinto, la intuición y el juicio asombroso. Las personas con este talento tienen una capacidad natural para evaluar una idea o situación, incluso sin muchos datos o conocimientos. Utilizando el reconocimiento de patrones y la intuición, son capaces de proporcionar valiosos consejos y opiniones sobre la mayoría de los temas de una manera que trasciende sus niveles de conocimiento o información específicos.

El talento o genialidad de la *influencia* consiste en reunir, estimular y provocar a las personas para que pasen a la acción en torno a una idea o una iniciativa. Las personas con este talento están naturalmente inclinadas a inspirar y conseguir que otros se impliquen en un proyecto. No les importa persuadir a la gente para que se replantee o cambie sus planes con el fin de embarcarse en algo que valga la pena.

El talento o genialidad de la *facilitación* consiste en proporcionar a las personas el apoyo y la asistencia que necesitan. Las personas con este talento son expertas en responder a las necesidades de los demás sin condiciones ni restricciones. Están naturalmente inclinadas a ayudar a los demás a lograr sus objetivos y a menudo pueden anticipar lo que la gente podría necesitar antes incluso de que lo pidan. Los individuos con el talento de ayudar a menudo no son conscientes de que se trata de un talento.

El talento o genialidad de la *tenacidad* tiene que ver con la satisfacción de llevar las cosas hasta la línea de meta. Las personas con este talento no solo son capaces de terminar los proyectos y asegurarse de que se completan de acuerdo con las especificaciones, sino que están naturalmente inclinadas a ello. Se llenan de energía al superar los obstáculos y ver el impacto de su trabajo y se alegran al tachar las tareas de su lista y conseguir cerrarlas.

TALENTO VS. COMPETENCIA VS. FRUSTRACIÓN

Aunque a cada tipo de genialidad se le llama talento, ninguna persona puede reclamar los seis como sus talentos individuales. Todos tenemos áreas en las que sobresalimos, áreas en las que nos cuesta más y áreas que se encuentran en algún punto intermedio. Echemos un vistazo a cada una de esas tres categorías, porque el éxito requiere que entendamos las áreas en las que brillamos, así como aquellas en las que no lo hacemos.

Categoría 1: genialidad/talento/sobresaliente

Cada uno de nosotros tiene dos áreas o genialidades en las que sobresale y que se consideran nuestro verdadero talento. Son las actividades que nos dan alegría, energía y pasión. En consecuencia, solemos ser bastante buenos en estas áreas. Lo mejor para nosotros y para las organizaciones a las que servimos es que podamos hacer gran parte, si no la mayor parte, de nuestro trabajo en estas áreas.

Categoría 2: competencia

Dos de las seis áreas se considerarían aquellas en las que somos competentes. Son las actividades que no nos resultan ni completamente desagradables ni completamente atractivas, y que podemos hacer bastante bien, quizás incluso muy bien. La mayoría de nosotros puede funcionar bastante bien en estas competencias durante un tiempo, pero acabaremos cansándonos si no se nos permite ejercitar nuestro verdadero talento.

Categoría 3: frustración

Por último, cada uno de nosotros tenemos dos tipos de trabajo que nos quitan la alegría y la energía, y que nos frustran. Por lo general, tenemos problemas al realizar estas actividades. Por supuesto, nadie puede evitar por completo trabajar en temas que nos frustren de vez en cuando, pero si nos encontramos pasando un tiempo significativo dedicados a estas actividades, estamos destinados a experimentar el tedio en el trabajo y, probablemente, a sufrir o incluso a fracasar.

Llegados a este punto vale la pena preguntarse: ¿por qué la gente tiene dos talentos, en lugar de uno, o tres? Porque así es como los miles de personas que probaron el modelo lo encontraron, una y otra vez. Por cada persona que pensó inicialmente que *podría* tener más de dos talentos, hubo noventa y nueve que se decidieron por dos. Y en muchos casos, cuando preguntamos a las personas que pensaban que podían tener tres (¡una persona incluso afirmó tener los seis!) sobre dónde recibían *energía y alegría*, se decantaron por dos.

Una buena manera de entender la diferencia entre nuestros talentos, competencias y frustraciones es pensar en el café y en cómo retiene el calor y la energía.

Tu genialidad es como un termo que llenamos de café caliente y luego lo tapamos bien. El calor y la energía de ese termo duran mucho, mucho tiempo. Del mismo modo, cuando trabajamos dentro de nuestro talento, podemos mantenernos energizados y motivados casi indefinidamente.

La competencia es más bien como verter el café en una taza normal y ponerle una tapa de plástico, o tal vez ninguna tapa. El café se mantendrá caliente durante un tiempo, pero pasado un rato se templará y finalmente se enfriará. Cuando trabajamos en nuestras áreas de competencia, podemos mantener un nivel de energía durante un tiempo, pero a medida que pasa el tiempo lo veremos disiparse y empezaremos a perder fuelle.

La frustración sería como verter café en una taza, pero en una que tiene un pequeño agujero en el fondo. El calor de ese café, incluso el propio café, durará un periodo de tiempo muy corto. Cuando trabajamos en nuestras áreas de frustración, es difícil mantener un nivel de pasión o energía durante cualquier periodo de tiempo.

TALENTOS RECEPTIVOS VS. DISRUPTIVOS

Otra forma importante de ver los seis tipos es en términos de si un talento determinado es principalmente receptivo o disruptivo. Esto es importante porque los talentos *receptivos* tienden a responder a un estímulo externo para ponerse en acción. También se podría decir que son moderados en comparación con sus homólogos *disruptivos*. Los talentos disruptivos, por el contrario, suelen iniciar o provocar el cambio cuando ven la necesidad de hacerlo, aunque otros no lo pidan necesariamente. Son más proactivos en su forma de interactuar con un proyecto o iniciativa.

Algunas personas tendrán dos talentos receptivos, lo que significa que pueden ser un poco más reacias a iniciar la actividad. Algunos tendrán dos talentos disruptivos, lo que les hará más propensos a provocar la acción. Y, por supuesto, algunos tendrán uno de cada tipo.

Hay que entender que esta mezcla de receptivo y disruptivo puede ser útil para confirmar nuestras áreas de talentos cuando no estemos seguros. También es importante para ayudarnos a entender por qué las personas interactúan con su entorno de una manera determinada, lo que nos ayuda a evitar hacer valoraciones inexactas o juicios de valor sobre su actitud o aptitud.

Los tres talentos *receptivos* son pensamiento, discernimiento e influencia.

Las personas que sobresalen en **pensamiento** responden a su entorno observando la organización, la industria o el mundo que les rodea para generar preguntas. No se proponen necesariamente cambiar el mundo que les rodea. Simplemente lo contemplan, lo asimilan y dejan que sus observaciones se desarrollen.

Los que tienen más **discernimiento** responden a las ideas o propuestas de los inventores, aportando comentarios, consejos o asesoramiento. Son una parte importante del proceso de innovación, pero no son necesariamente los que lo provocan. Más allá de la innovación, a menudo responden a lo que el mundo les pone delante, e incluso lo seleccionan.

Las personas con **influencia** responden a las peticiones expresas de los demás, en la mayoría de los casos de alguien que solicita apoyo. Están dispuestos a proporcionar lo que se necesita, e incluso son tan buenos adivinando lo que se desea que empiezan a proporcionarlo antes de que se haya especificado o solicitado completamente. Pero generalmente no inician el apoyo hasta que se necesita.

Los tres talentos *disruptivos* son creatividad, facilitación y tenacidad.

Las personas con **creatividad** ven un problema y proponen una solución novedosa que desafía el *statu quo*. Disfrutan de la oportunidad de crear caos útiles y, por tanto, de añadir valor a una situación.

Los que tienen el don de la **facilitación** son claramente disruptivos. Inician el cambio reuniendo a la gente, llamando a otros para que se alisten en un proyecto o programa. Reclutan, organizan e inspiran a los demás, lo que, por definición, hace que la gente cambie sus prioridades en torno a lo que hay que hacer.

Las personas con **tenacidad** crean disrupción identificando los obstáculos o las barreras y sorteándolos. Están decididos a completar un proyecto sin importar lo que se interponga en el camino. Llevan a cabo cualquier cambio que sea necesario para lograr el éxito, independientemente de lo que haya que alterar en el proceso.

Es habitual que la gente valore más el talento disruptivo que el receptivo. Por supuesto, esto es incorrecto y peligroso. Los talentos receptivos y los disruptivos se alternan en el curso del trabajo, creando una especie de equilibrio y sinergia que es necesaria. Sin reflexionar o cuestionar, por ejemplo, no sirve de nada la creatividad. Y sin la evaluación y discernimiento de la idea de un inventor, esa invención tendrá muchas menos posibilidades de éxito. Y sin ayuda, el motivador más persuasivo no conseguirá que un programa se ponga en marcha. No cabe duda de que los talentos receptivos y los disruptivos son igualmente valiosos en el proceso de trabajo eficaz.

Ahora que hemos hecho un repaso relativamente completo del modelo y de algunos de sus matices, veamos un ejemplo del informe de la Evaluación del *Working Genius* de una persona.

EVALUACIÓN E INFORME

La manera más eficaz de descubrir en qué sobresale una persona, en qué es competente y con qué se frustra, es completando la evaluación del *Working Genius* y revisar el informe que se genera instantáneamente a partir de ella.

La evaluación en sí es una encuesta de cuarenta y dos preguntas que tarda unos diez minutos en completarse. Inmediatamente después de completar la evaluación, los usuarios reciben un informe con los resultados de la evaluación y orientación sobre cómo interpretar y confirmar cualitativamente la precisión. Aunque se trata de un proceso cuantitativo, siempre es importante que los usuarios entiendan el modelo en el raro caso de que sus resultados no reflejen con exactitud sus talentos. Esto podría suceder porque completaron la evaluación de forma incorrecta o con una comprensión incorrecta de la pregunta. De nuevo, esto es raro, pero vale la pena tomarse unos minutos adicionales para revisar las descripciones de cada talento.

La mejor manera de entender el informe es revisar uno; utilicemos el mío como ejemplo.

LO QUE TUS RESULTADOS CUANTITATIVOS INDICAN

⎍ GENIALIDADES EN LAS QUE SOBRESALES:
Probablemente tus áreas en las que sobresales son **creatividad** y **discernimiento**.

Se te da bien por naturaleza y obtienes energía y alegría al crear ideas y soluciones originales y novedosas.

Se te da bien por naturaleza y obtienes energía y alegría al utilizar tu intuición e instinto para evaluar y valorar ideas o planes.

⎍ GENIALIDADES EN LAS QUE ERES COMPETENTE:
Probablemente tus áreas en las que eres competente son **pensamiento** e **influencia**.

Eres capaz y no te importa reflexionar sobre la posibilidad de que exista un mayor potencial y oportunidad ante una situación específica.

Eres capaz y no te importa motivar e inspirar a las personas para que actúen en torno a un proyecto, tarea o idea.

⎍ GENIALIDADES QUE TE FRUSTRAN:
Probablemente las áreas que te frustran son tenacidad e facilitación.

No se te da bien y/o no obtienes energía y alegría al impulsando proyectos y tareas hasta completarlas para asegurar que se alcancen los resultados deseados.

No se te da bien y/o no obtienes energía y alegría al animar a los demás y ayudarlos en proyectos e ideas.

Como puedes ver, mis dos talentos (las actividades de las que obtengo alegría y energía y que la mayoría consideraría mis mayores puntos fuertes) se llaman creatividad y discernimiento. La creatividad indica que me encanta tener nuevas ideas. Generar nuevas propuestas, productos e ideas de la nada me resulta muy cómodo. De hecho, prefiero hacerlo desde cero. El discernimiento indica que también me encanta valorar las ideas. Confío en mi juicio intuitivo para hacer evaluaciones y tomar decisiones, incluso cuando tengo datos o conocimientos limitados sobre el tema. Confío en mi instinto, y los demás también lo hacen.

Sería mi trabajo soñado que la gente viniera a mí todo el día con un problema importante que necesitara ser resuelto, y que me dejaran idear una solución novedosa de la nada. Es lo que mejor se me da. También me encantaría que la gente viniera a mí con sus propias ideas y me pidiera que las evaluara utilizando mi instinto y mi intuición. Tengo la suerte de poder hacer mucho de este tipo de trabajo en mi función actual. Como puedes imaginar, idear este modelo y perfeccionarlo fue una fiesta para mí.

Mis dos competencias (las actividades que no me importa hacer y en las que soy competente) son influencia y pensamiento. Influencia significa que puedo reunir a la gente en torno a una nueva iniciativa o idea bastante bien, y pensamiento significa que no me importa reflexionar y contemplar el estado de las cosas en una organización o en el mundo. Sin embargo, como no son mis talentos, el exceso de estas actividades acaba por dejarme exhausto.

Lo sé porque, durante años, fui el principal, si no el único, motivador de mi organización. Todo el mundo pensaba que desempeñaba ese papel porque disfrutaba haciéndolo, pero simplemente estaba llenando un vacío. Y como eso me impedía hacer lo que más me gustaba (la creatividad y el discernimiento), con el tiempo empezó a poder conmigo. En cuanto a pensar, no me importa hacerlo durante un tiempo, pero *rápidamente* me impaciento contemplando las cosas y quiero avanzar hacia la invención de una solución, incluso cuando puede ser necesario preguntarse más.

Por último, lo que me frustra (las áreas que me quitan energía y alegría) son la facilitación y la tenacidad. La facilitación significa que no disfruto ni soy muy bueno ayudando a otros con proyectos *en sus condiciones*, y la tenacidad significa que no me gusta, ni soy bueno, llevando un proyecto o iniciativa hasta el final después de que la etapa de la idea haya terminado. Aunque es cierto que a veces tengo que realizar actividades de facilitación y tenacidad, me producen poca satisfacción y me quemaré rápidamente si permanezco mucho tiempo en esas actividades. Además, tendré la tentación de buscar maneras de usar mi invención y evaluación para proporcionar asistencia y terminar el trabajo, incluso cuando no es aconsejable o necesario.

Tengo que admitir que es difícil reconocer que estoy frustrado por tener que ayudar. Me hace sentir que no soy una buena persona. La cuestión es que me gusta mucho ayudar a la gente, pero me cuesta mucho no utilizar mi creatividad y discernimiento mientras lo hago. Cuando alguien (y lo digo pidiéndole perdón a mi mujer, Laura) me pide que haga algo precisamente como él o ella quiere que se haga, me apago. No es una excusa, sino simplemente una explicación de cómo estoy hecho. Otros lo hacen bastante bien y con facilidad, y siento una sincera admiración por ellos. En cuanto a la tenacidad, tengo fama de querer pasar a la siguiente cosa antes de que se haya terminado la última. De hecho, mientras escribo esta parte de este libro, acabo de empezar a escribir el principio del siguiente. Mi editora, Tracy, no está especialmente contenta con eso. Lo siento, Tracy.

En la actualidad, intento dedicar la mayor parte de mi tiempo a creatividad y discernimiento. Intervengo con gusto cuando se requiere influir o pensar, aunque tengo cuidado de que otros con esos talentos se animen a hacer ese tipo de trabajo más que yo. Y hago todo lo posible para evitar tener que utilizar la facilitación o la tenacidad, pero cuando es inevitable, intento hacerlo rápido sabiendo que volveré a la creatividad y el discernimiento muy pronto.

En cuanto a si mis talentos son disruptivos o receptivos, podemos ver que tengo uno en cada categoría. Soy disruptivo porque uno de mis talentos es la creatividad, lo que significa que propongo ideas que provocan el cambio. Pero también soy receptivo porque uno de mis talentos es la evaluación, lo que significa que reacciono a las ideas y propuestas de los demás. Por lo tanto, tengo una especie de equilibrio en estas áreas. Algunas personas descubrirán que sus dos talentos entran en las categorías de disrupción o de respuesta, y en estos casos, el impacto de la disrupción frente al de la respuesta será más pronunciado.

Este es un resumen bastante rápido pero completo de cómo *Working Genius* describe a una persona, en este caso, a mí. Sin embargo, la forma en que interactúo con los demás miembros de mi equipo es un tema mucho más amplio e igual de importante. En la siguiente sección, vamos a explorar todo eso.

PRODUCTIVIDAD DEL EQUIPO Y MAPA

TRES FASES DE TRABAJO

Lo que distingue a los seis diferentes talentos o genialidades respecto de otras herramientas es su aplicación a las actividades específicas de cualquier tipo de trabajo en grupo. Como tal, es extremadamente procesable para las personas que dirigen equipos, proyectos y organizaciones.

Creo que vale la pena entender que, cuando estaba ideando el modelo del *Working Genius*, y antes de comprender plenamente los seis tipos, identifiqué inicialmente tres fases de trabajo. De esas fases surgieron los seis tipos.

Echemos un rápido vistazo a cada una de esas fases antes de explorar los seis tipos en el contexto de los equipos.

La primera etapa de trabajo, la *ideación*, comprende tanto pensamiento como creatividad. Es la parte del trabajo asociada a la identificación de necesidades y a la propuesta de soluciones. La innovación suele estar relacionada con esta etapa. Incluso antes de que se produzca la invención, alguien debe plantear la gran pregunta o identificar una necesidad. Este es el primer paso crítico en cualquier tipo de trabajo, y proporciona el contexto para la invención.

La segunda etapa de trabajo, la *activación*, comprende el discernimiento y la influencia. Esta parte del trabajo consiste en evaluar los méritos de las ideas o soluciones propuestas durante la ideación y, a continuación, reunir a la gente en torno a las ideas o soluciones que merecen la pena. La mayoría de las organizaciones ni siquiera son conscientes de que esta etapa existe (de la que hablaré a continuación), lo que les lleva a saltar de la primera etapa, la de ideación, a la tercera y última...

La tercera y última etapa de trabajo, la *implementación*, está compuesta por la facilitación y la tenacidad, y se trata de hacer las cosas. Tanto si se trata de responder a la llamada a la acción como de impulsar esa acción hasta las últimas fases de realización, estos tipos de talento son los que garantizan que las grandes ideas, las que se han evaluado y motivado, se hacen realidad.

La pieza que falta

Ahora bien, como he aludido antes, la parte más importante de la comprensión de estas tres fases es reconocer que la fase de activación existe para que podamos evitar saltar directamente de la ideación a la implementación. Cuando las organizaciones dan este salto y se saltan la activación, a menudo se quedan perplejas por sus bajos índices de éxito. Y, para empeorar las cosas, experimentan una dolorosa, innecesaria e improductiva culpabilización y señalamiento. Así es como sucede:

Las personas que hacen la ideación se frustran cuando sus ideas no se hacen realidad y culpan a los ejecutores, preguntándose por qué no son capaces de ejecutar sus fantásticas invenciones. Al mismo tiempo, los ejecutores se sienten frustrados por la falta de éxito, y se preguntan por qué los generadores de ideas no les dan mejores temas para ejecutar en primer lugar. Esto es muy común en muchas organizaciones.

Sin una activación adecuada, incluso las buenas ideas no serán examinadas, modificadas y mejoradas adecuadamente (discernimiento), y las personas no serán educadas e inspiradas adecuadamente (influencia). Simplemente comprendiendo la naturaleza y la importancia de la activación, muchos equipos son capaces de lograr una mejora inmediata y significativa en el éxito de sus iniciativas.

LAS SEIS ACTIVIDADES NECESARIAS PARA CUALQUIER TIPO DE TRABAJO EN EQUIPO

En última instancia, todo esfuerzo colectivo implica (y requiere) cada uno de los seis talentos. Si falta uno de ellos, el fracaso y la frustración son mucho más probables. Por ello, cada tipo de talento aporta algo que uno de los otros necesita. A su vez, recibe algo de otro talento. Por eso decidimos presentar el modelo como una serie de engranajes con dientes interdependientes. (En realidad fue una idea de mi mujer. ¡Gracias, Laura!)

Veamos cómo encaja cada uno de los talentos en el flujo general de cualquier tipo de proyecto.

Pensamiento

La primera etapa de trabajo requiere que alguien se plantee una gran pregunta, reflexione sobre la posibilidad de un mayor potencial, levante una bandera roja o simplemente especule sobre el estado de las cosas. «¿Hay una forma mejor?». «¿Es esta la mejor empresa que podemos ser?». «¿Alguien más siente que algo va mal en el trato con los clientes?». «¿Necesitamos unas vacaciones?».

Creatividad

La siguiente etapa consiste en responder a esa pregunta creando una solución, elaborando un plan, proponiendo una nueva idea o ideando un enfoque novedoso. «¡Tengo una idea!». «¿Qué te parece este plan?». «¿Y si ayudamos a los clientes así?». «Vamos a algún lugar a poca distancia en coche, ¡como el Valle de Napa!».

Discernimiento

La tercera etapa consiste en responder y evaluar la idea procedente de la invención. Se trata de evaluar la propuesta, aportar comentarios sobre la solución o ajustar el enfoque. «Mi instinto me dice que esa sería una gran idea». «Tengo la sensación de que algo no está bien en esos valores». «Creo que tenemos que retocar un poco más tu idea de producto antes de que esté lista». «La Bahía de Monterey tiene mejor clima en esta época del año si queremos pasar tiempo al aire libre».

Influencia

Una vez que el plan o la solución han sido examinados y se considera que merecen la pena, el siguiente paso es que alguien reúna a la gente en torno a ellos, los reclame para que ayuden a ponerlos en práctica o los inspire para que los adopten. «¡Vamos, escuchad su idea!». «Unámonos todos en torno a estos valores». «¿Quién está dispuesto a ayudarnos a hacer funcionar el programa de atención al cliente?». «Bien, chicos, despejad vuestras agendas porque nos vamos a Monterrey».

Facilitación

A continuación, alguien tiene que responder a esa llamada a la acción, ponerse a disposición, aceptar hacer lo necesario para que la solución despegue y avance. «Estoy a bordo para ayudar con esa idea». «Cuenta conmigo con esos valores». «Me encantaría ayudar con los clientes; avísame cuando me necesites». «Yo voy en coche a Monterrey, así que puedo llevar a seis personas».

Tenacidad

Finalmente, alguien tiene que completar el proyecto, terminar el programa, superar los obstáculos para asegurar que el trabajo se haga según las especificaciones. «Sigamos empujando porque esta nueva idea aún no es una realidad».

«Vale, vamos a terminar esto y a fijar los valores para poder enviarlos a la junta directiva para su aprobación antes de la fecha límite de esta noche». «Muévete, yo terminaré la base de datos de clientes por ti». «Conozco a un tipo que trabaja en ese hotel. Le llamaré ahora mismo para reservar un bloque de habitaciones y conseguir un descuento».

He aquí un repaso demasiado simplificado de cómo funciona todo esto: la P identifica la necesidad de cambio, la C crea la solución, la D evalúa y perfecciona la solución y la recomienda para la acción, la I reúne a la gente para la acción, la F proporciona apoyo y capital humano y, finalmente, la T se asegura de que el trabajo se lleve a cabo y logre los resultados deseados.

Por supuesto, el trabajo nunca se ajusta a un proceso completamente lógico, lineal y ordenado. Es mucho más desordenado que eso. Lo más importante es recordar que, de un modo u otro, todo proyecto de equipo, todo programa de grupo, todo esfuerzo colectivo implica estas seis actividades, y que generalmente se producen en este orden.

VACÍOS

Cuando un grupo de personas se embarca en cualquier tipo de trabajo, es esencial que cada uno de los seis tipos de talento esté adecuadamente disponible. Veamos lo que puede ocurrir cuando falta alguno de ellos.

La falta de pensamiento puede hacer que un equipo no se tome tiempo para dar un paso atrás y reflexionar sobre lo que ocurre a su alrededor. Las cuestiones culturales, las oportunidades de mercado y los problemas que se avecinan pueden pasarse por alto en búsqueda de cuestiones más urgentes.

La falta de creatividad en un equipo presenta problemas evidentes. En muchos casos, los equipos empiezan a sentirse un poco locos porque saben que sus anticuadas formas de hacer las cosas no están funcionando, pero se encuentran atascados probando los mismos enfoques una y otra vez en vano. Einstein diría que esta es una de las definiciones de la locura.

La falta de discernimiento es un gran problema en los equipos, pero a menudo es difícil de notar. Esto se debe a que la evaluación no es fácil de observar o identificar, ni tampoco de probar. Pero eso no lo hace menos real. Cuando un equipo carece de este talento, se encuentra con que confía demasiado en los datos y los modelos para tomar decisiones que se toman mejor con un simple juicio. A menudo se encuentran desconcertados cuando miran hacia atrás y se preguntan cómo pueden haber fallado tanto.

La falta de influencia en un equipo es relativamente fácil de identificar, ya que es uno de los talentos más observables. Cuando nadie reúne a las personas o provoca la acción, incluso las grandes ideas no llegan a hacerse realidad y el potencial del equipo queda sin explotar. En estas situaciones, oirás decir: «Tenemos muchísimas ideas geniales, pero nadie aquí parece entusiasmado con ellas».

La falta de facilitación en un equipo es un problema obvio, pero puede pasarse por alto porque la gente a menudo no ve la ayuda como un talento. Pero cuando un equipo carece de ella, se produce una sensación de frustración porque nadie colabora y nadie responde adecuadamente a las peticiones del motivador. La ayuda puede considerarse el pegamento de un equipo, provocado por personas que obtienen alegría y energía al responder a la llamada de apoyo. Si falta en un equipo, el éxito es poco probable. Incluso el equipo ejecutivo de más alto nivel necesita miembros que sepan responder a una llamada a la acción y que proporcionen apoyo para ayudar al equipo a avanzar, en todos los niveles.

La falta de tenacidad en un equipo es otro problema obvio porque los programas y proyectos y las cosas en general no se terminan sin ella. Muchas empresas emergentes están llenas de personas a las que les gusta cuestionarse, creatividad, discernimiento e influencia, pero sin alguien con el talento de la finalización nadie salta las vallas y supera los obstáculos durante las últimas etapas críticas del trabajo. Todo equipo de éxito, en todos los niveles, necesita personas que simplemente disfruten viendo cómo se completan las cosas.

Llenar esos vacíos

Hay varias maneras en las que un equipo puede llenar los vacíos que pueda tener en relación con los seis tipos. En primer lugar, puede *contratar* a personas que posean el talento que falta. Por supuesto, esto no siempre es posible o práctico de inmediato. En segundo lugar, un equipo puede *pedir prestado* a alguien de la organización. Por ejemplo, puede invitar a una persona de fuera que tenga el talento que falta para que asista a las reuniones importantes y contribuya cuando sea necesario. En tercer lugar, el equipo puede *encontrar personas dentro del equipo que tengan el talento que falta en sus áreas de competencia*, y confiar en ellos para llenar el vacío. Pero esta debe ser una solución temporal, ya que a la larga puede provocar agotamiento y resentimiento.

ELEVACIÓN

Otra forma interesante de ver los talentos es en términos de los diferentes niveles de elevación en los que se producen. En el proceso teórico del trabajo, las cosas comienzan «en las nubes» y generalmente «descienden» en un orden secuencial hasta que el trabajo se termina «en el suelo».

Veamos cómo funciona la elevación antes de explicar su utilidad práctica.

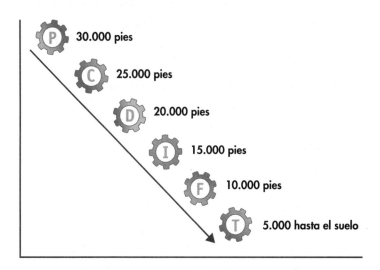

P   30.000 pies
C   25.000 pies
D   20.000 pies
I   15.000 pies
F   10.000 pies
T   5.000 hasta el suelo

El pensamiento tiene lugar en lo más alto, con nuestra cabeza en las nubes. Las reflexiones, las preguntas y las especulaciones tienen lugar mucho antes, y muy por encima, del lugar y el momento en que se produce la acción.

La creatividad se sitúa un poco más abajo, pero todavía bastante arriba. Una vez que se plantea una pregunta o se aborda una necesidad, la invención entra en acción, pero todavía mucho antes y muy por encima de la aplicación.

El discernimiento lleva la idea un poco más abajo que la invención, evaluando la practicidad y utilidad de la idea o propuesta. Después de este examen, la idea o el proyecto se convierten en una realidad más cerca del «suelo» (es decir, de la implementación).

El siguiente paso es la influencia, que consiste en reunir el capital humano necesario para la implementación y la aceptación. La gente se inspira, se recluta, se alista y se organiza para el apoyo. Las cosas se están acercando ahora al suelo.

La facilitación es el momento en el que comienza la implementación, con la colaboración de la gente y la puesta en marcha de una iniciativa o esfuerzo. Es el comienzo de la fase final del trabajo.

La tenacidad es cuando el trabajo se completa, es decir, está totalmente terminado. Sobre el suelo. De nuevo, cuando el trabajo se ha llevado a cabo.

Por qué es importante la elevación

Hay momentos en el trabajo, durante las reuniones o incluso en medio de los proyectos, en los que saltamos de una elevación a otra. Pensar en esto como una especie de «turbulencia» es útil cuando aplicamos este modelo a nuestros equipos. Todos hemos estado alguna vez en una sesión de lluvia de ideas, con la cabeza en las nubes pensando en ideas, viviendo básicamente en el rango de elevación de 30 y 25 mil pies. Y, de repente, una persona bienintencionada del equipo empieza a hablar de tácticas y de cómo vamos a ejecutar el plan. Esto es desorientador. Nuestro avión acaba de descender 20 mil pies de golpe en cuestión de minutos. Como resultado, tenemos que utilizar una cantidad significativa de poder mental y energía emocional para luchar contra ese repentino descenso de la elevación, y luego volver a subir el avión a 25 mil pies para poder continuar con la lluvia de ideas.

Del mismo modo, un equipo puede estar a un 90 % del camino de un proyecto y firmemente en la fase de facilitación y tenacidad del trabajo (de 5 a 10 mil pies) cuando alguien que cuestione o invente agarra los imaginarios controles de vuelo y dice algo como: «¿Estamos seguros de que este es el plan correcto?» o «¡Tengo una nueva idea!». De repente, el avión se eleva 20 mil pies de altura minutos antes de que pensáramos que lo íbamos a aterrizar. Prepara las bolsas de vómito porque todo el mundo está a punto de marearse y enfermar.

CONVERSACIONES DE TRABAJO

Siempre que nos sentamos con otras personas para realizar un trabajo, tenemos que entender y acordar el contexto de ese trabajo y la naturaleza de las conversaciones que estamos manteniendo si queremos ser productivos y evitar confusiones innecesarias. En términos generales, hay cuatro tipos diferentes de conversaciones de trabajo, y corresponden a diferentes grupos de talentos.

Lluvia de ideas

La parte menos frecuente, pero a menudo la primera, de las conversaciones de trabajo consiste en hacer preguntas, reflexionar sobre las oportunidades, sugerir ideas y evaluar si esas ideas pueden funcionar o no. A esto se le llama lluvia de ideas, y en ella intervienen los tres primeros talentos: cuestionar, creatividad y discernimiento. Cuando todos los miembros de la mesa entienden esto, pueden mantenerse dentro de esos talentos y evitar la deriva hacia otros que aún no son relevantes. Cuando las personas acuden a las sesiones de lluvias de ideas y tratan de dedicarse a la motivación, la ayuda o la finalización, a menudo se frustran —a ellos mismos y a los demás— al tratar de conducir las discusiones hacia la acción antes de que esta sea apropiada. Las personas cuyo genio reside en la I, la F y la TF suelen impacientarse durante estas discusiones, preguntándose por qué las personas con P, C y D no toman una decisión y siguen adelante. En estas situaciones, tienen que evitar intencionadamente llevar la conversación a sus áreas de confort y, si eso no funciona, evitar participar en estas conversaciones por completo (aunque recomiendo esto solo como último recurso).

Toma de decisiones

Otro tipo de conversación de trabajo tiene que ver con llegar a una decisión relacionada con una idea o propuesta. Estas discusiones se centran en el pensamiento, pero también implican algunos niveles de creatividad («vamos a retocar un poco la idea») y de facilitación («vamos a pensar en cómo conseguir que la gente se suba al carro»). Durante estas sesiones, es conveniente evitar las preguntas, ya que el tiempo para ese tipo de conversación ha terminado. También es importante evitar la tentación de comenzar la implementación, que implica la facilitación y la tenacidad, ya que esos talentos pueden tentar a la gente a conformarse con una decisión subóptima simplemente para obtener un cierre.

Lanzamiento

El siguiente tipo de conversación de trabajo consiste en conseguir que la gente se entusiasme con una decisión y se aliste en sus acciones iniciales. Esto se centra en la influencia y la facilitación, pero también implica el discernimiento, ya que surgen preguntas de las personas que tratan de entender lo que están a punto de hacer. Ciertamente, hay que evitar en la medida de lo posible el pensamiento o la creatividad en estos debates, ya que el momento de esos talentos ya ha pasado. La tenacidad aún no está del todo comprometida, pero debe estar presente porque organizar un nuevo proyecto sin la perspectiva de lo que se necesitará para terminarlo es una receta para una confusión innecesaria en el camino.

Revisión de la situación y resolución de problemas

El último tipo de conversación que tiene lugar en el trabajo es el que se produce con más frecuencia, normalmente durante las reuniones de personal. Implica discusiones periódicas sobre el progreso de una iniciativa, así como la identificación y resolución de cualquier obstáculo o problema que se interponga en el camino de la finalización. Esto se centra en la influencia (y motivación) y la facilitación, y finalmente, en la tenacidad. Cuando los miembros del equipo intentan el pensamiento o la creatividad durante esta parte del trabajo, suelen crear caos y frustración. Incluso el discernimiento debería limitarse al proceso de superar los obstáculos tácticos en lugar de reevaluar la idea o propuesta original.

La clave de todo esto es comprobar constantemente con los miembros del equipo el propósito de un determinado debate (o reunión) y asegurarse de que los talentos necesarios están presentes o representados durante cada una de esas sesiones. Por ejemplo, si todos tienen claro y están alineados con lo que deben hacer, las personas recurrirán a sus talentos apropiados y evitarán tirar hacia adelante o volver atrás a los talentos que no son relevantes o útiles.

USO DEL MAPA DE EQUIPO

Una de las formas más poderosas, y sencillas, de aplicar el sistema de los talentos laborales o *Working Genius* a grupos de personas es utilizar algo que llamamos el Mapa de Equipo. Esencialmente, se trata de una representación visual de los talentos y frustraciones colectivas de los miembros del equipo, que nos permite entendernos mejor unos a otros, y que pone de manifiesto las lagunas del equipo y las oportunidades evidentes de reposicionamiento y reorganización.

El mapa del equipo que aparece a continuación se basa en mi propio equipo de ocho personas en mi empresa: The Table Group, con algunos nombres cambiados para proteger a los inocentes. Observa que cada sección incluye solo los nombres de los miembros del equipo que tienen talento o frustración en esa área concreta. Por supuesto, es fácil averiguar qué miembros del equipo tienen una competencia en un área determinada; si su nombre no está en la lista de talentos o frustraciones, pertenecen a la categoría de competencia. La razón de mostrar solo los talentos y las frustraciones es destacar las áreas en las que el equipo puede tener un reto.

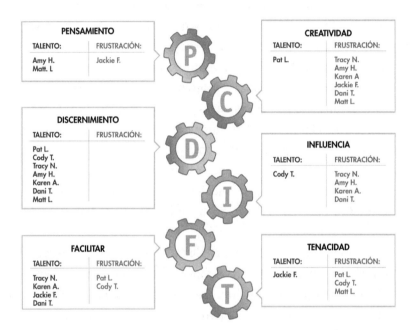

Incluso un vistazo superficial al mapa de mi equipo de hace un par de años revela algunos problemas claros.

En primer lugar, fíjate en que solo hay una persona en el equipo con el talento de creatividad. Ese sería yo. Esto puede o no ser un problema, dependiendo de una serie de factores, incluyendo la naturaleza del trabajo que hacemos y la cantidad de tiempo que puedo dedicar a la invención. En nuestro caso, fue un problema porque estaba dedicando una cantidad desmesurada de mi tiempo a otra área, y esa área no era de mis talentos. Explicaré más sobre esto en un momento.

En segundo lugar observa que solo hay una persona en el equipo con el talento de tenacidad. De nuevo, esto puede o no ser un problema. Al final, lo fue. Pronto te cuento más de ello.

A continuación, fíjate en que solo hay una persona en el equipo con el talento de influencia. Y no solo eso, sino que fíjate en la cantidad de gente que tiene la influencia como su área de frustración, lo que significa que es poco probable que den un paso adelante y motiven.

Por último, hay otras cosas interesantes que se pueden observar en el mapa. Un alto porcentaje de personas del equipo tiene discernimiento como talento. También tenemos muchas personas cuyo talento es facilitar. Eso significa que la toma de decisiones suele ser acertada dados los niveles de intuición colectiva, y que no suele faltar gente dispuesta a arrimar el hombro.

Ahora, volvamos a los problemas potenciales, empezando por la influencia. El único motivador del equipo es Cody, pero este no tenía en ese momento un papel que le permitiera motivar. Como líder del equipo, parecía lógico que yo fuera el principal motivador. Y como es un área de competencia para mí, se me daba bastante bien. Por lo tanto, pasé gran parte de mi tiempo y energía haciéndolo. Esto era un problema por dos razones:

En primer lugar, limitaba la cantidad de tiempo y energía que podía dedicar a la creatividad, que es algo que me daba alegría y energía, y que el equipo necesitaba. En segundo lugar, me estaba quemando por tener que motivar tanto. Eso es lo que pasa cuando pasamos *demasiado* tiempo haciendo algo que se nos da bien pero que no es un área de talento. Empecé a frustrarme al ver todo el invento que había que hacer —que intentaba hacer por la noche y los fines de semana— y me molestaba venir a trabajar y encontrarme constantemente teniendo que influir sobre los demás.

Resultó que no era el único en esta situación. Tener solo un miembro del equipo con tenacidad era una insuficiencia aún mayor que nuestra falta de creatividad. En la mayoría de las organizaciones, se necesita más gente para hacer las cosas que para aportar nuevas ideas. Existe el viejo dicho de que el trabajo es un 10 % de inspiración y un 90 % de llevar a cabo el trabajo. No sé si esas cifras son exactas, pero sí sé que son direccionalmente correctas.

Uno de los miembros de nuestro equipo, Tracy, tenía la tenacidad en su área de competencia, y como también tenía el talento de facilitar, era fácil que la gente le pidiera que se sumergiera en el trabajo orientado a la finalización. Muchas veces. Y ella siempre decía que sí, y francamente, lo hacía muy bien. Durante mucho tiempo. Cuando revisamos nuestro Mapa de Equipo, ella soltó: «¡Ese es el problema! Estoy muy cansada de hacer trabajo de finalización, pero todo parece caer en mi mesa». Y sabíamos que tenía razón. Además, Tracy quería ejercitar más su discernimiento, algo que es una verdadera área de talento para ella, pero estaba posponiendo regularmente ese trabajo para finalizar proyectos y hacer que todo llegara a completarse.

Por si fuera poco, entre las diversas responsabilidades de Tracy, también es mi editora. Ese es un gran papel para alguien con el talento de evaluar, valorando las ideas de otra persona y proporcionando comentarios perspicaces. Pues bien, como yo sacrificaba la invención para motivar, y Tracy dejaba de lado la evaluación para hacer un trabajo de finalización, no es de extrañar que a menudo nos retrasáramos en la redacción de los libros. Pero igual de importante

206 LOS 6 TALENTOS LABORALES

era el hecho de que tanto Tracy como yo estábamos experimentando niveles crecientes de agotamiento.

Fruta fácil de recolectar

Los problemas de nuestro equipo se validaron en cuanto vimos el informe. Si queríamos mejorar nuestra productividad y nuestra moral —¿quién no querría?—, teníamos que reducir la cantidad de tiempo que Tracy dedicaba a la finalización y que yo, Pat, dedicaba a la motivación para poder contribuir más en nuestras áreas de talento. Esto sería bueno para la empresa y para nosotros como individuos. No se trataba de dejar de hacer esas actividades por completo —Tracy y yo sabíamos que teníamos que hacer cosas fuera de nuestros talentos—, sino de reducirlas a un nivel manejable.

Como resultado de esta claridad, las respuestas se hicieron mucho más fáciles de ver. Decidimos aprovechar las habilidades de influir de Cody para que dirigiera las reuniones diarias y mantuviera a la gente centrada y avanzando en las iniciativas tácticas. Su nivel de contribución y entusiasmo aumentó inmediatamente, al igual que mi sensación de libertad y alivio. En serio. Hoy en día, le llamamos nuestro jefe de motivación.

En cuanto a Tracy, acordamos que todos los miembros de la oficina que tenían tenacidad como área de competencia debían compartir la carga con ella. Y Tracy tenía que mostrarnos todas las cosas que estaba haciendo y que la sobrecargaban para que pudiéramos empezar a quitárselas de encima.

Más allá de eso, teníamos claras las habilidades que debían tener nuestras próximas incorporaciones al equipo.

Contratamos a una maravillosa mujer que tenía como talentos el discernimiento y la tenacidad. Incluso contratamos a una persona estupenda que tenía creatividad e influencia. Es importante dejar claro que ambas personas debían encajar culturalmente en nuestra empresa, además de tener los talentos que necesitábamos y de los que a menudo carecíamos.

El impacto que todo esto tuvo en nuestra productividad (es decir, la capacidad de hacer más cosas en menos tiempo) y en la moral (es decir, la ilusión por venir a trabajar con ganas y salir con tranquilidad al final del día) fue tangible. Sin el mapa de equipo de *Working Genius* no habríamos sido capaces de verlo con tanta claridad ni de abordarlo tan rápidamente.

He aquí otro ejemplo de informe de equipo que aportó claridad y rapidez de acción a un equipo.

PENSAMIENTO	
TALENTO:	FRUSTRACIÓN:
	Anthony L.
	Alexis B.
	Brad A.
	Cesar C.
	James W.–
	Matthew F.

CREATIVIDAD	
TALENTO:	FRUSTRACIÓN:
Matthew F.	Atish G.
	Brad A.
	Cesar C.
	Debra M.
	George K.

DISCERNIMIENTO	
TALENTO:	FRUSTRACIÓN:
Alexis B.	Atish G.
Debra M.	Matthew F.
George K.	
James W.	

INFLUENCIA	
TALENTO:	FRUSTRACIÓN:
Anthony L.	
Atish G.	
Brad A.	
Cesar C.	
Debra M.	
James W.	

FACILITACIÓN	
TALENTO:	FRUSTRACIÓN:
Atish G.	Anthony L.
Brad A.	Alexis B.
	George K.
	James W.

TENACIDAD	
TALENTO:	FRUSTRACIÓN:
Anthony L.	Debra M.
Alexis B.	
Cesar C.	
George K.	
Matthew F.	

Trabajé con el equipo directivo de una gran empresa de tecnología que llevaba varios años por detrás de sus competidores en cuanto a desarrollo de productos e innovación. Como es lógico, su cuota de mercado, sus ingresos y sus márgenes de beneficio no estaban donde debían estar.

Aceptaron realizar la evaluación *Working Genius*, y debo admitir que creo que sus expectativas eran bajas. Muchos ejecutivos son escépticos con respecto a las evaluaciones de personalidad, y no estaba seguro de cómo responderían.

Como puedes ver, ninguno de los miembros del equipo tenía pensamiento como talento. Y no solo eso, una gran parte del equipo lo tenía como su frustración. Además, solo un miembro del equipo tenía creatividad como talento, ¡y era el abogado! Hay que tener en cuenta que se trata de una empresa tecnológica.

Casi inmediatamente después de ver su informe, uno de los miembros más escépticos del equipo dijo: «Este es nuestro problema. Nunca cuestionamos nada. No contemplamos lo que ocurre en el mercado, lo que pueden necesitar nuestros clientes, hacia dónde nos dirigimos. Lo nuestro es la finalización y hacer las cosas realidad».

No podía creer que la declaración se hiciera tan rápidamente después de ver los resultados, y me sorprendió, aunque me alegró, que la persona que lo dijo fuera una de las últimas personas que habría esperado. Continuó. «Tenemos que empezar a sacar tiempo para preguntarnos, y tenemos que dejar de hacer que todas las reuniones sean órdenes del día, números y listas de tareas». Y todos estuvieron de acuerdo. Francamente, no podía creerlo. Habían diagnosticado su problema y aceptaban ese diagnóstico mucho más fácilmente que si yo lo hubiera señalado como consultor.

Además de comprometerse a dedicar más tiempo al pensamiento y cuestionar las cosas, el equipo fue un paso más allá. Al reconocer y confirmar que el abogado tenía el talento de la creatividad, le cambiaron la descripción de su trabajo para que incluyera la responsabilidad de la adquisición de nuevas tecnologías. Estaba eufórico por poder utilizar su talento, y el equipo se sintió aliviado de tener a alguien con esa habilidad a cargo de un área de tanta importancia. Puedo decir que es poco probable que hubieran hecho un movimiento tan poco tradicional sin haber visto su problema tan claramente expuesto en su Mapa de Equipo.

WORKING GENIUS Y LA SALUD ORGANIZATIVA

Durante los últimos veinticinco años, todos los que formamos parte de The Table Group hemos trabajado para que las organizaciones sean más sanas y eficaces mediante un mejor liderazgo, trabajo en equipo, claridad, comunicación y sistemas humanos. Siempre hemos creído, y seguimos creyendo, que la salud organizativa es incluso más importante que la inteligencia organizativa. Al minimizar la política y la confusión, los líderes pueden mejorar la productividad, el compromiso y la lealtad, lo que les permitirá aprovechar plenamente sus ventajas estratégicas y lograr lo que las organizaciones disfuncionales nunca podrían soñar.

¿Dónde encaja *Working Genius* en todo esto? Aunque el modelo de los seis diferentes tipos surgió de mi propia búsqueda de la alegría y la energía en el trabajo, desde entonces me he dado cuenta de que es absolutamente fundamental para la salud organizativa, y de más formas de las que podría haber imaginado. Permíteme que intente identificar todas las formas en que se aplica.

En primer lugar, un equipo de liderazgo no puede estar cohesionado si sus miembros no comprenden y aprovechan el talento de los demás. Este es un tema que merece su propio libro. La diferencia entre un equipo de liderazgo que ajusta sus funciones y su trabajo en función de los talentos de sus miembros y uno que se basa únicamente en los títulos de los puestos y en las expectativas genéricas es casi indescriptible.

En segundo lugar, el talento es fundamental para la productividad. Cuando las personas de una organización comprenden y son transparentes sobre sus áreas de talento —y de frustración—, los líderes pueden hacer ajustes que aportan una contribución significativamente mayor de los empleados. Al final del día, la gente hace más cosas, en menos tiempo y con menos fricción. Medir el impacto de esto es casi imposible, ya que impregna casi todos los aspectos de la experiencia de un empleado.

En tercer lugar, y relacionado con el punto anterior, el talento es tan fundamental para la retención, el compromiso y la moral de los empleados como cualquier otro factor. Cuando las personas de una organización saben que sus talentos son utilizados y apreciados por sus directivos, van a venir a trabajar con más pasión y entusiasmo, y van a ser mucho menos propensos a abandonar la compañía en tiempos difíciles. Van a contar a otros su experiencia en la empresa, atrayendo a nuevos empleados y clientes por igual.

Por último, la actividad más importante de cualquier organización se va a transformar cuando las personas que participan en ella conozcan y comprendan sus talentos y frustraciones. Me refiero a las reuniones. Cuando las personas saben qué tipo de conversación están teniendo, y cuando aprovechan sus talentos durante esas conversaciones, toman mejores decisiones y se comprometen con esas decisiones de una manera que otros equipos no pueden comprender.

Estoy totalmente convencido de que, tanto como cualquier otra cosa que haya hecho en el mundo del desarrollo y la eficacia de las organizaciones, *Working Genius* se encuentra en la base de todo ello. Cuando los seres humanos están plenamente motivados en el trabajo, ya sea el fundador, el director general o el último contratado, es mucho más probable que contribuyan a la salud de una organización y ayuden a evitar los peligros de la disfunción.

LO QUE ESPERO
DE *WORKING GENIUS*

Es doloroso pensar que hay muchas personas en el mundo que están atrapadas en trabajos o roles que no se alinean con su talento, y que les obligan a vivir dentro de sus frustraciones. Y es aún peor saber que muchos de ellos no saben por qué son miserables. Tengo la esperanza de que al leer este libro y realizar la Evaluación del *Working Genius*, muchas de esas personas sean capaces de identificar y realizar ajustes que reduzcan su miseria. Me alegra decir que desde que lanzamos la evaluación hace dos años, hemos recibido noticias de personas de todo el mundo que están haciendo precisamente eso. Y las historias que recibimos van más allá de la vida profesional de las personas, impactando en sus matrimonios, familias y amistades incluso más de lo que esperábamos.

Kristal: dueña de empresa

Kristal estaba al borde del agotamiento y «preparándose para vender el negocio» cuando descubrió el modelo *Working Genius*. Hizo la evaluación y en quince minutos se dio cuenta de que estaba trabajando casi por completo fuera de sus áreas de talento, y sobre todo haciendo las cosas que le quitaban la alegría y la energía. Esa semana, hizo que todo su personal se sometiera a la evaluación, e inmediatamente reorganizaron el equipo para que ella y todos los demás pudieran dedicar más tiempo a sus áreas de talento. Un mes después nos pusimos en contacto con ella y le preguntamos: «¿Sigues pensando en vender?». Respondió: «Ni hablar; ¡esto es lo más realizada que he estado en años!».

Kevin: pastor de la iglesia

Kevin nos envió un correo electrónico con el asunto «Wow». Nos explicó que había sido pastor durante casi veinte años, y que había vivido bajo la constante culpa y la presión de que no era bueno en su vocación. Le pesaba mucho. Continuó explicando que se esforzaba por elaborar sermones creativos e inspiradores, lo que le agotaba y le hacía sentirse inadecuado los domingos por la mañana. Tras realizar la evaluación y descubrir que la invención no era uno de sus talentos, se sintió liberado. Llegó a la conclusión de que todos los pastores no pueden estar dotados en todas las áreas. Kevin admitió que realmente disfrutaba y era bueno dando consejo y apoyo a la gente de su iglesia, y que en lugar de intentar superar sus luchas con sermones creativos, podía aprovechar los talentos de otras personas de su equipo para que le ayudaran en esa área. Su vocación ya no se cuestionaba, y su sentimiento de culpa y su propio juicio se redujeron considerablemente. ¡Aleluya!

Heath: marido

Heath nos escribió y dijo: «Pensé que mi mujer me odiaba». Exageraba, y en parte bromeaba, pero admitía que a veces sentía que había algo de verdad en ello. Vaya. Explicó que le encantaba tener nuevas ideas, pero que a menudo se desanimaba porque sentía que su mujer solía rechazarlas criticándolas. Pues bien, en su aniversario de boda, Heath y su mujer hicieron la Evaluación del *Working Genius* y descubrieron que él tenía el talento de la creatividad (ideas nuevas) y su mujer el talento del discernimiento (juzgar esas ideas). Ambos se dieron cuenta de que ella no pretendía desanimarlo en absoluto, sino más bien proporcionar una retroalimentación y un criterio útil a su marido, al que apreciaba profundamente. En realidad, ella quería asegurarse de que sus ideas tuvieran éxito, y la mejor manera de hacerlo era evaluando y sugiriendo ajustes que ahorraran a su marido tiempo, energía y posibles decepciones. Heath dijo que esta comprensión les ayudó a resolver años de sutil frustración en su relación, y fue el mejor regalo de aniversario.

Nos enviaron estas historias sin que nosotros lo pidiéramos durante los primeros noventa días del lanzamiento de la evaluación. Desde entonces, hemos seguido recibiendo innumerables historias similares de personas cuyos trabajos, carreras y vidas han mejorado casi inmediatamente al darse cuenta de los talentos que Dios les ha dado. Puedo decir con confianza que nunca he trabajado en algo que haya tenido un impacto tan inmediato en la vida de las personas.

MÁS PAZ, MENOS CULPA, JUICIO Y AGOTAMIENTO

Al fin y al cabo, la razón para entendernos a nosotros mismos y a los demás es conseguir más paz, dentro de nosotros mismos y en nuestras relaciones con los demás. No es mucho más que eso.

Para muchas personas, uno de los mayores robos de paz es tener que hacer un trabajo que no se ajusta a sus fortalezas naturales, dadas por Dios. Pero como la mayoría de estas personas no se dan cuenta de ello, acaban sintiéndose muy mal consigo mismas (es decir, culpables) por no ser mejores en lo que hacen. Ese tipo de culpa es innecesaria y conduce a graves problemas en la vida de los trabajadores y de las personas que aman.

Todos nosotros podemos identificarnos con esto. Nos hemos sentido mal con nosotros mismos por no ser buenos en algún tipo de trabajo, y la mayoría nos hemos machacado por ello. Yo lo hice en mi propia vida al principio de mi carrera. «¿Por qué no puedo hacer esto tan bien como mis colegas? ¿Qué me pasa?». La respuesta a esa pregunta debería haber sido: «Porque están haciendo lo que les gusta y son naturalmente expertos en hacerlo, y yo no». Pero como no lo entendía, me sentía culpable y atribuía mis problemas a la falta de esfuerzo o de inteligencia, o peor aún, a la virtud.

El juicio es similar, excepto que es lo que hacemos cuando vemos a un colega tener problemas en algún tipo de trabajo y atribuimos incorrectamente su sufrimiento a su falta de esfuerzo, inteligencia o virtud. «No sé por qué no puede hacer eso. Creo que simplemente no le interesa. O tal vez no es tan inteligente como pensábamos. ¿O es posible que simplemente no esté comprometido con el equipo?». Todos hemos hecho esto, y es peligroso y destructivo. Hace que la gente se sienta herida y rechazada, y tiene un impacto negativo en los equipos, las organizaciones e incluso las familias.

La clave para evitar la culpa y el juicio inapropiados es comprender mejor a los demás y a nosotros mismos. Cuando conozcamos nuestros propios puntos fuertes y débiles, y los de los demás, la mayor parte de la culpa y el juicio desaparecerán y serán sustituidos por la empatía y el apoyo productivo.

Podremos decirnos a nosotros mismos: «Realmente soy malo en esto. Quizá debería encontrar una forma mejor de contribuir, una que se ajuste a mis habilidades y talentos». Y miraremos a otros que tienen dificultades y diremos: «¿Es ese el papel adecuado para ti? Quizá haya una forma mejor de utilizar tus habilidades y talentos».

Ahora bien, vale la pena decir que algunas personas tienen una mala ética de trabajo, o carecen de inteligencia, o incluso de virtud. Y hay que tratarlas como corresponde, aunque con compasión. Pero en muchos de los casos que veo, las personas que sufren no son conscientes de cómo su trabajo y sus talentos están desalineados. Y eso es lo que este libro, y este modelo, están diseñados para abordar.

Evitar el agotamiento

Un problema diferente, pero relacionado, que experimentan muchas personas que están atrapadas haciendo un trabajo que no está alineado con sus talentos es el agotamiento. Y aunque nadie puede pasar todo su tiempo haciendo lo que les gusta —todos tenemos que hacer cosas en nuestras áreas de frustración de vez en cuando—, los que se encuentran atrapados en un trabajo que no les da alegría o energía casi nunca tienen éxito, y ciertamente no prosperan. Se agotan.

Lo interesante de esto es que el *tipo* de trabajo que realiza una persona resulta ser mucho más importante en relación con el agotamiento que el *volumen* de trabajo. Algunas personas pueden trabajar muchas horas durante largos períodos de tiempo en sus áreas de alegría y pasión, mientras que otras pueden trabajar relativamente pocas horas pero experimentar un grave agotamiento porque están haciendo un trabajo que les quita la alegría y la pasión. Por lo tanto, es lógico que una persona que experimenta los primeros signos de agotamiento no encuentre alivio simplemente reduciendo el tiempo que pasa en el trabajo, aunque eso es lo que a menudo les prescribimos. Lo que necesita es pasar más tiempo haciendo lo que le hace feliz.

Tanto si es la culpa, el juicio o el agotamiento lo que hace que alguien pierda la paz en el trabajo, me entusiasma saber que el modelo *Working Genius* puede ayudarles a cambiar las cosas. Y eso es importante. Porque creo que Dios da dones a las personas para que puedan usarlos para hacer el bien, y espero que las ideas que obtengan de este libro les permitan hacer precisamente eso.

AGRADECIMIENTOS

Son muchas las personas a las que debo agradecer su ayuda en este libro, especialmente a todas las que participaron en el desarrollo inicial del modelo *Working Genius*.

Gracias a Tracy, Amy y Kim, que estaban en la sala cuando todo surgió, y a Amy por hacer la pregunta maravillosa que dio lugar a esta invención. Y a Tracy, Karen, Cody y Matt por las horas de comentarios, edición y evaluación. Vuestras innumerables ideas y sugerencias son imposibles de reconocer, o incluso de recordar, pero os agradezco vuestra inteligencia y pasión.

Gracias a mi mujer, Laura, y a todos nuestros hijos por vivir con una pizarra blanca en nuestra sala de estar durante unos meses mientras desarrollábamos el modelo al principio. Y a Laura por ser tan apasionada con todo esto, y por la idea de convertir el modelo en engranajes interconectados. Me encantó aplicar el modelo con todos vosotros y vuestros amigos.

Gracias a todas las víctimas inocentes que entraron en nuestra casa y oficina y se vieron obligadas a realizar la evaluación en los primeros días. Vuestra sinceridad y entusiasmo fueron más importantes de lo que creéis.

Gracias a todos en The Table Group por vuestra contribución y entusiasmo en torno a la evaluación, el pódcast, el programa de certificación y el libro. Y a todos nuestros consultores de todo el mundo que han adoptado y compartido el *Working Genius* con sus clientes. Vuestra pasión y energía en torno a esto es muy inspiradora para nosotros. Y al equipo de Amazing Parish, que fue la primera organización en adoptar el modelo y utilizarlo con pasión.

Gracias a Matt Holt y al equipo de BenBella por vuestra paciencia, flexibilidad y compromiso con este libro.

Y, por supuesto, doy gracias a Dios, por cada parte de la vida en sí misma, y por permitirme a mí y a nuestro equipo desempeñar un papel en ayudar a que Tú ayudes a la gente a entender los dones que les has dado para contribuir a un mundo mejor para ellos mismos y para la gente a la que sirven.

ACERCA DEL AUTOR

Patrick Lencioni es fundador y presidente de The Table Group, una empresa dedicada a proteger la dignidad humana en el mundo del trabajo, el desarrollo personal, la fe y la sociedad. Durante los últimos veinticinco años, Pat y su equipo han proporcionado a las organizaciones ideas, productos y servicios que mejoran el trabajo en equipo, la claridad y el compromiso de los empleados. También es cofundador de la organización The Amazing Parish.

La pasión de Lencioni por las organizaciones y los equipos se refleja en sus escritos, conferencias, consultoría ejecutiva y, más recientemente, en sus tres pódcasts, *At the Table with Patrick Lencioni, The Working Genius Podcast* y *The Simple Reminder*.

Pat es autor de doce libros superventas con más de seis millones de ejemplares vendidos. Después de veinte años de publicación, su libro clásico *Las cinco disfunciones de un equipo* sigue siendo un fijo en las listas nacionales de los más vendidos.

Como uno de los conferenciantes y consultores más solicitados del mundo, Pat ha podido trabajar y dirigirse a una gran variedad de organizaciones, entre las que se encuentran empresas de la lista Fortune 100, empresas medianas, empresas emergentes, equipos deportivos profesionales, escuelas e iglesias. Ha aparecido en numerosas publicaciones, como el

Wall Street Journal, Harvard Business Review, USA Today, la revista *Inc.* y la revista *Chief Executive.*

Pat lleva casi treinta años casado con su mujer, Laura, y tienen cuatro hijos maravillosos.

PENSAMIENTO (cuestionar)

DISCERNIMIENTO (evaluar)

FACILITACIÓN (ayudar)

CREATIVIDAD (inventar)

INFLUENCIA (motivar)

TENACIDAD (finalizar)